Collins

Crossword

Book

Challenge 3

200 quick crossword puzzles

Published by Collins
An imprint of HarperCollins Publishers
Westerhill Road
Bishopbriggs
Glasgow G64 2QT

First Edition 2020

10 9 8 7 6 5 4 3 2 1

© HarperCollins Publishers 2020

All puzzles supplied by Clarity Media Ltd

ISBN 978-0-00-834385-9

Collins® is a registered trademark of HarperCollins Publishers Limited

Printed and bound by CPI Group (UK) Ltd, Croydon, CR0 4YY

If you would like to comment on any aspect of this book, please contact us at the above address or online.
E-mail: puzzles@harpercollins.co.uk

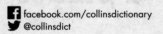

facebook.com/collinsdictionary
@collinsdict

CROSSWORD
PUZZLES

PUZZLE 1

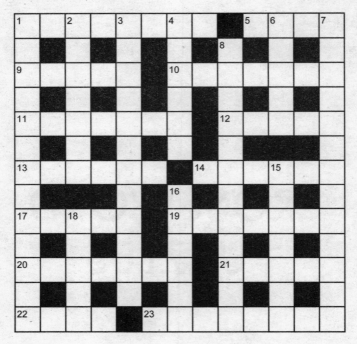

Across

1 Type of ski race (8)
5 Landlocked country in West Africa (4)
9 Conceal (5)
10 Risky undertaking (7)
11 Becomes less wide (7)
12 Stomach exercise (3-2)
13 Anew (6)
14 Plunderer (6)
17 Deduce or conclude (5)
19 Surpass (7)
20 Seeks to hurt (7)
21 Simple (5)
22 Movement of water causing a small whirlpool (4)
23 Low-spirited (8)

Down

1 Remove dangerous substances from (13)
2 Ditherer (7)
3 Terrified or extremely shocked (6-6)
4 Princely (6)
6 Mature human (5)
7 Wet behind the ears (13)
8 Impregnable (12)
15 Sum of money put in the bank (7)
16 Person to whom a lease is granted (6)
18 Stinky (5)

PUZZLE 2

Across

1 Vex (4)
3 Introduction (8)
9 Taught (7)
10 Precipice (5)
11 Distinguishing character (5)
12 Pilot (7)
13 Dedicate (6)
15 Spiritual meeting (6)
17 Standing erect (7)
18 Cloak (5)
20 Speed music is played at (5)
21 e.g. from Ethiopia (7)
22 Longing (8)
23 Correct; accurate (4)

Down

1 Where you were born (6,7)
2 Retrieve (5)
4 Arranged like rays (6)
5 Practice of designing buildings (12)
6 Inherent (of a characteristic) (5-2)
7 Fizz (13)
8 Scolding (8-4)
14 A percussion instrument (7)
16 Make an unusually great effort (6)
19 More pleasant (5)

PUZZLE 3

Across

1 Seaside scavenger (11)
9 Mingle with something else (5)
10 What a hen lays (3)
11 Guide a vehicle (5)
12 Floral leaf (5)
13 Liquids which dissolve other substances (8)
16 Fine soft wool (8)
18 Pertaining to the voice (5)
21 Bamboo-eating animal (5)
22 Protective cover (3)
23 Good at (5)
24 Diaphanous (11)

Down

2 Ardently (7)
3 Intense (7)
4 Building material (6)
5 Confusion (3-2)
6 Make a physical or mental effort (5)
7 Compulsively (11)
8 Form into a cluster (11)
14 Division of a book (7)
15 Gathering of old friends (7)
17 Not awake (6)
19 Programmer (5)
20 Discover (5)

PUZZLE 4

Across

1 Extraordinary (11)
9 Slippery fish (3)
10 Ahead of time (5)
11 A thing that measures (5)
12 Conveys an action without words (5)
13 An indirect and sometimes snide implication (8)
16 Musical wind instruments (8)
18 Brief appearance (5)
20 Make available for sale (5)
21 Telephones (5)
22 Stomach (3)
23 Make in bulk (4-7)

Down

2 Woody tissue (5)
3 Levels out (5)
4 Deep serving dish (6)
5 Highest mountain in Greece (7)
6 Organic solvent (7)
7 Phraseology (11)
8 Spoken communication (4,2,5)
14 Silklike fabric (7)
15 Penetrates (7)
17 Deer horn (6)
18 Enclosed (5)
19 Conjuring trick (5)

PUZZLE 5

Across

4 Swords (6)
7 Furtive (8)
8 Finish first (3)
9 Express a desire for (4)
10 Responds to (6)
11 Question after a mission (7)
12 Bitterly pungent (5)
15 Becomes worn at the edges (5)
17 Fashion anew (7)
20 Short trip to perform a task (6)
21 Hots (anag.) (4)
22 Male child (3)
23 Overly anxious and sensitive (8)
24 Support (6)

Down

1 Hit hard (6)
2 Paternal (8)
3 Works of fiction (7)
4 Local authority rule (2-3)
5 Water diviner (6)
6 Scorched (6)
13 Act of sticking together (8)
14 Attentive (7)
15 Spanish festival (6)
16 Modifies (6)
18 Financial gain (6)
19 Haggard (5)

PUZZLE 6

Across

1. Skin irritation (4)
3. Person not accepted by society (8)
9. Piercing cry (7)
10. Equip (5)
11. Having an acrid wit (5-7)
13. Erase a mark from a surface (6)
15. Possibility (6)
17. Agreements; plans (12)
20. Lease (anag.) (5)
21. Frees from an obligation (7)
22. Diabolically cruel (8)
23. Deciduous trees (4)

Down

1. Took a firm stand (8)
2. About (5)
4. Detach; unfasten (6)
5. Heavy long-handled tool (12)
6. Feeling of indignation (7)
7. Argues (4)
8. Wearing glasses (12)
12. Continues obstinately (8)
14. Envisage (7)
16. A way out (6)
18. Country in the Himalayas (5)
19. Part of a plant (4)

PUZZLE 7

Across

1 Worry about (4)
3 Tyrannical (8)
9 Round building (7)
10 Wireless (5)
11 Rogue; scoundrel (5)
12 Seafarers (7)
13 Top aim (anag.) (6)
15 Writing desk (6)
17 Clothes for washing (7)
18 Detailed financial assessment (5)
20 Principle laid down by an authority (5)
21 Support (7)
22 Opposite of westerly (8)
23 Image of a god (4)

Down

1 Prescience (13)
2 Additional (5)
4 Pass by (6)
5 Especially (12)
6 Larval frog (7)
7 Dealing with different societies (5-8)
8 Coming between two things in time (12)
14 Walks laboriously (7)
16 Token (6)
19 Showered with love (5)

PUZZLE 8

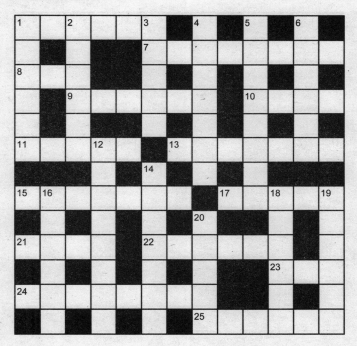

Across

1 Yellow citrus fruits (6)
7 Table tennis (4-4)
8 Father (3)
9 Lower someone's dignity (6)
10 Symbol (4)
11 Class (5)
13 Make mentally fatigued (7)
15 Elapsing (7)
17 Large black birds (5)
21 Greek cheese (4)
22 Adjusting the pitch of a musical instrument (6)
23 Small social insect (3)
24 Follow another vehicle too closely (8)
25 Rents out (6)

Down

1 A cargo (6)
2 Make angry (6)
3 Rapidity of movement (5)
4 Entrap (7)
5 Wine and soda water mix (8)
6 Unfurl (6)
12 Unsteady (8)
14 In the place of (7)
16 Stadiums (6)
18 Church instruments (6)
19 Strikes firmly (6)
20 Genuflect (5)

PUZZLE 9

Across

4 Showing utter resignation (6)
7 Beat easily (8)
8 Argument (3)
9 Flaring star (4)
10 Absolve (6)
11 Act of reading carefully (7)
12 Attack on all sides (5)
15 Frozen dew (5)
17 Charged with a crime (7)
20 Made amends for (6)
21 Literary composition (4)
22 School of Mahayana Buddhism (3)
23 Pounded heavily (8)
24 Gives in (6)

Down

1 Royal chair (6)
2 Old World monkeys (8)
3 Fastest animal on land (7)
4 Venomous snake (5)
5 Hearts (anag.) (6)
6 Oppose a plan successfully (6)
13 Armed (8)
14 Sourness (7)
15 Tightly curled (of hair) (6)
16 Juicy citrus fruit (6)
18 Flattened out (6)
19 Turns down (5)

PUZZLE 10

Across

1 Popular places (8)
5 Trudge (4)
9 Huge (5)
10 Argues against (7)
11 Imaginary creature (7)
12 Papal court (5)
13 Crazy (6)
14 Flat-bottomed boats (6)
17 Scope or extent (5)
19 Be subjected to (7)
20 Annoying (7)
21 Lively Bohemian dance (5)
22 Facial feature (4)
23 Early period of human culture (5,3)

Down

1 Figment of the imagination (13)
2 Root vegetables (7)
3 Knowledge of a future event (12)
4 Plant spikes (6)
6 Opposite of a winner (5)
7 Unemotional (13)
8 Spotless (5-3-4)
15 Largest anthropoid ape (7)
16 Erupts (anag.) (6)
18 Cooks in the oven (5)

PUZZLE 11

Across

1 Changing from water to ice (8)
5 Regretted (4)
8 Hurt by an insect like a wasp (5)
9 Powerful dog (7)
10 Indefinitely many (7)
12 Sea journeys (7)
14 Prompting device for a TV
presenter (7)
16 Interiors (7)
18 Emerged from an egg (7)
19 Plantain lily (5)
20 Appear (4)
21 Amazes (8)

Down

1 Closed hand (4)
2 Fairness (6)
3 Made short and sharp
turns (9)
4 Large dark cloud (6)
6 Joined together (6)
7 Clearly stated (8)
11 Nut (9)
12 Disappears (8)
13 Tropical fly (6)
14 Incidental remarks (6)
15 Selected (6)
17 Makes brown (4)

PUZZLE 12

Across
1 Predicament (8)
5 Stringed instrument (4)
9 Currently in progress (5)
10 Strong verbal attack (7)
11 Detection technology (5)
12 Thee (3)
13 Contest (5)
15 Pond-dwelling amphibians (5)
17 Definite article (3)
19 Therefore (5)
20 Brook (7)
21 Extent or limit (5)
22 Puts down (4)
23 Play with great restraint (8)

Down
1 Four-sided figure (13)
2 Evaded (7)
3 Resolvable (12)
4 Meal (6)
6 Delicious (5)
7 Expression of approval (13)
8 Framework for washed garments (7,5)
14 A rich mine; big prize (7)
16 Bleach (6)
18 Messenger (5)

PUZZLE 13

Across

1 Shots that start tennis points (8)
5 Imitated (4)
9 Lawful (5)
10 Extreme nervousness (7)
11 Branch of biology (7)
12 More mature (5)
13 Desired (6)
14 Female monster (6)
17 Deceives or misleads (5)
19 Japanese art of paper folding (7)
20 Irreligious (7)
21 Not telling the truth (5)
22 Obtains (4)
23 Inclination (8)

Down

1 25th anniversary of marriage (6,7)
2 Furry nocturnal carnivorous mammal (7)
3 Shyness (12)
4 Relishes (6)
6 Make an earnest appeal (5)
7 Upsettingly (13)
8 Determined (6-6)
15 Avoidance (7)
16 Whipped cream dessert (6)
18 Songbird (5)

PUZZLE 14

Across

1 Unintelligible (11)
9 Piece of pasture (3)
10 State indirectly (5)
11 Up and about (5)
12 Suitably (5)
13 Changed for another (8)
16 Defensive walls (8)
18 Comedian (5)
20 Shout of appreciation (5)
21 In a slow tempo (of music) (5)
22 Animal enclosure (3)
23 Oppressed (11)

Down

2 Completely correct (5)
3 Clamorous (5)
4 Son of one's brother or sister (6)
5 Faithfulness (7)
6 Not thorough (7)
7 Enjoyable (11)
8 Greenish (11)
14 Ban on publication (7)
15 Fatty substance (7)
17 Great fear (6)
18 Spoke softly (5)
19 Acer tree (5)

PUZZLE 15

Across

1 Sharp bites (4)
3 School pupils (8)
9 Fishing boat (7)
10 Flatten on impact (5)
11 Style of playing blues (6-6)
13 Hold a position or job (6)
15 Request made to God (6)
17 Relating to horoscopes (12)
20 Roman country house (5)
21 Declaring to be untrue (7)
22 Flower-shaped competition awards (8)
23 Allot justice (4)

Down

1 Laptop (8)
2 Musical instrument with keys (5)
4 Unseated by a horse (6)
5 Disheartening (12)
6 Make ineffective (7)
7 Takes an exam (4)
8 Crucial (3,9)
12 Preliminary speech (8)
14 Large fortified buildings (7)
16 Thick wet mud (6)
18 Culinary herb (5)
19 Affirm with confidence (4)

PUZZLE 16

Across

1 On top of (4)
3 Evaluator (8)
9 Parcel (7)
10 Joining together with cord (5)
11 Mistake (5)
12 Green with vegetation (7)
13 Gets rid of (6)
15 Ludicrous failure (6)
17 Mental process or idea (7)
18 Narrow pieces of land (5)
20 Surpass (5)
21 Resembling a feline (3-4)
22 Small stall at an exhibition (8)
23 Seed containers (4)

Down

1 Not ostentatious (13)
2 Happen (5)
4 Abandon a plan (6)
5 Exorbitant (12)
6 Winding shapes (7)
7 Virtuousness (13)
8 Blasphemous (12)
14 Planned (7)
16 Plaster for coating walls (6)
19 Cotton twill fabric (5)

PUZZLE 17

Across

1 Spiny cactus fruit (7,4)
9 17th Greek letter (3)
10 Unsuitable (5)
11 Dairy product (5)
12 Manner of writing (5)
13 Item of additional book matter (8)
16 Obscurely (8)
18 Stylishness and originality (5)
20 Sets of two things (5)
21 Alphabetical list (5)
22 One's family (3)
23 Rural scenery (11)

Down

2 Spacious (5)
3 Bring about (5)
4 Elevated off the ground (6)
5 Blotches (7)
6 So soon (7)
7 Plant-eating insect (11)
8 Recalling (11)
14 Famous astronomer (7)
15 e.g. from Moscow (7)
17 Ordeal (anag.) (6)
18 Mammals with bushy tails (5)
19 Raised a question (5)

PUZZLE 18

Across

1 Sit with legs wide apart (8)
5 Exchange (4)
9 Appeal (5)
10 Accomplish (7)
11 Occurring at the same time (12)
13 Not real or genuine (6)
14 Became less intense (6)
17 Quarrelsome and uncooperative (12)
20 Vary the pitch of the voice (7)
21 Willow twig (5)
22 Men (4)
23 Shape of the waxing moon (8)

Down

1 e.g. use a straw (4)
2 Explanations (7)
3 Showed (12)
4 Introduction (4-2)
6 Take away by force (5)
7 Make impossible (8)
8 Small garden carts (12)
12 Educating (8)
15 Like a bull (7)
16 Person gliding on ice (6)
18 Attractively stylish (5)
19 Run at a moderate pace (of horses) (4)

PUZZLE 19

Across

1 Jumps on one foot (4)
3 Country in the Indian Ocean (8)
9 Separated; remote (7)
10 Spread by scattering (5)
11 Very upsetting (5-7)
13 Decorate with a raised design (6)
15 Procession (6)
17 Uncurled (12)
20 Diacritical mark (5)
21 Sheer dress fabric (7)
22 Totally in love with (8)
23 Retail store (4)

Down

1 Increase (8)
2 e.g. spaghetti (5)
4 Concurred (6)
5 Drawback (12)
6 Porch (7)
7 Tools for cutting wood (4)
8 First part of the Bible (3,9)
12 Car light (8)
14 Fights (7)
16 Refuse to acknowledge (6)
18 A number between an eighth and a tenth (5)
19 Remnant (4)

PUZZLE 20

Across

1 Impel; spur on (4)
3 Overshadows (8)
9 Fruit dessert (7)
10 Spring flower (5)
11 Intended (5)
12 Stations at the ends of routes (7)
13 Long and very narrow (6)
15 Kept private; unknown by others (6)
17 Type of bill (7)
18 Type of chemical bond (5)
20 Small arm of the sea (5)
21 Snake (7)
22 Protecting (8)
23 Saw; observed (4)

Down

1 Stoical; patient (13)
2 Third Greek letter (5)
4 Make (6)
5 Middleman (12)
6 More foolish (7)
7 Worldly-wise (13)
8 Showed not to be true (12)
14 Short story (7)
16 Individual (6)
19 Destitute (5)

PUZZLE 21

Across

1 Cloud type (6)
7 Choosing to abstain from alcohol (8)
8 Add together (3)
9 Set of clothes (6)
10 Flat and smooth (4)
11 Paces (5)
13 Stuck on the bottom (of a ship) (7)
15 e.g. anger or love (7)
17 Seabirds (5)
21 Enormous (4)
22 Laugh boisterously (6)
23 Consume food (3)
24 Trivial deception (5,3)
25 Actually (6)

Down

1 Chases (anag.) (6)
2 Far away (6)
3 Personnel at work (5)
4 Savings for the future (4,3)
5 Study done to prepare for an event (8)
6 Grotto (6)
12 People in hospital (8)
14 Approximately (7)
16 Cave openings (6)
18 Ill (6)
19 Gently (6)
20 Later (5)

PUZZLE 22

Across

1 Cereal plant (4)
3 Magnificent (8)
9 Necessary (7)
10 Exposes to danger (5)
11 Discharge (5)
12 Skipped about (7)
13 Shun (6)
15 Afternoon nap (6)
17 Part of a chair (7)
18 Entice to do something (5)
20 Ice dwelling (5)
21 Moving to music (7)
22 In the adjacent residence (4,4)
23 Not new (4)

Down

1 Union of states (13)
2 Pass a rope through (5)
4 Contract of insurance (6)
5 Excessively loud (12)
6 Arid areas (7)
7 Deprived (13)
8 Unofficially (3,3,6)
14 Not easy to understand (7)
16 Workroom of a painter (6)
19 Sends out in the post (5)

PUZZLE 23

Across

1 Gemstone (4)
3 Having considerable worth (8)
9 Perfect example of a quality (7)
10 Grips with the teeth (5)
11 Friendliness (12)
14 Wet soil (3)
16 Expulsion (5)
17 Cry of disapproval (3)
18 Physics of movement through air (12)
21 Corrodes (5)
22 Throb (7)
23 Stocky (8)
24 Long grass (4)

Down

1 Defeated (8)
2 Bring into a line (5)
4 Metric unit of measurement (historical) (3)
5 Hard to fathom (12)
6 Water container (7)
7 Otherwise (4)
8 Vehemently (12)
12 Frostily (5)
13 A detail to be explained (5,3)
15 Type of diving (4-3)
19 Senseless (5)
20 Curved shape (4)
22 Type of statistical chart (3)

PUZZLE 24

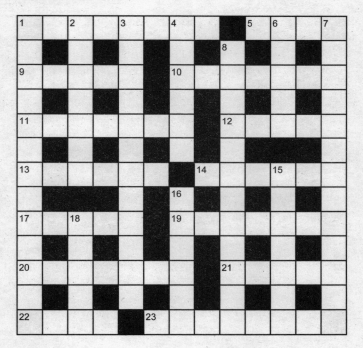

Across

1 Teach (8)
5 Con; swindle (4)
9 Hunt (5)
10 Chooses (7)
11 Walk unsteadily (7)
12 Sequence (5)
13 Stifle (anag.) (6)
14 Multiply by three (6)
17 Not suitable in the circumstances (5)
19 Fish-eating birds of prey (7)
20 Requests the presence of (7)
21 Friend (Spanish) (5)
22 Egg part (4)
23 Admired and respected (8)

Down

1 Something that cannot be done (13)
2 Sculptures (7)
3 Restore to good condition (12)
4 Small box (6)
6 Chocolate powder (5)
7 Misinterpreted (13)
8 Coat with a metal (12)
15 Sum added to interest (7)
16 Browns bread (6)
18 Heavy iron tool (5)

PUZZLE 25

Across

1 Harmful (11)
9 Broom made of twigs (5)
10 Container for a drink (3)
11 Ascend (5)
12 Looking tired (5)
13 Be suspicious of (8)
16 Give guidance to (8)
18 Relating to birth (5)
21 Sorceress (5)
22 Female sheep (3)
23 Stanza of a poem (5)
24 Poverty (11)

Down

2 Creepiest (7)
3 Act of stealing (7)
4 Church services (6)
5 Wanderer (5)
6 Capital of Ghana (5)
7 Endorsed (11)
8 Straightforward (4-3-4)
14 Brushed off the face (of hair) (7)
15 Fear of heights (7)
17 History play by Shakespeare (5,1)
19 Subject of a talk (5)
20 Crowbar (5)

PUZZLE 26

Across

1 Possessing (6)
7 Atmospheric gas (8)
8 Evergreen coniferous tree (3)
9 Plumbing fixture; brief fall of rain (6)
10 Futile (4)
11 Unfortunately (5)
13 Significance (7)
15 Summary of events (5-2)
17 Insurgent (5)
21 Slid (anag.) (4)
22 Technical problems (6)
23 Attempt to do (3)
24 Making waves in hair (8)
25 Opposite of faster (6)

Down

1 Makes available for sale (6)
2 Cared for (6)
3 Bites at persistently (5)
4 Beginner (7)
5 Persuade (8)
6 Creative act (6)
12 Solitary (8)
14 Excess (7)
16 Willow twigs (6)
18 Confer (6)
19 Legal practitioner (6)
20 Steps of a ladder (5)

PUZZLE 27

Across

1 Type of book cover (8)
5 Cab (4)
8 Measure heaviness (5)
9 Fuzzy (7)
10 Support or strengthen (7)
12 Where you sleep (7)
14 Pledged to marry (7)
16 Exerts control over (7)
18 Wash and iron (7)
19 Belonging to them (5)
20 Pace (4)
21 Country in North East Africa (8)

Down

1 Bird of prey (4)
2 Denier (anag.) (6)
3 Great beasts (9)
4 Style and movement in art (6)
6 Pilot (6)
7 Set in from the margin (8)
11 Type of pasta (9)
12 Rod-shaped bacterium (8)
13 A husband or wife (6)
14 Sprightliness (6)
15 Throw in the towel (4,2)
17 Song for a solo voice (4)

PUZZLE 28

Across

1 Mood (11)
9 Soak up; wipe away (3)
10 Indian garments (5)
11 Smooth transition (5)
12 Consumer (5)
13 Large snake (8)
16 Small-scale musical drama (8)
18 Pertaining to sound (5)
20 Hawaiian greeting (5)
21 Show off (5)
22 Item used in cricket (3)
23 Unnecessarily forceful (5-6)

Down

2 Data entered into a system (5)
3 Show-off (5)
4 Television surface (6)
5 Grassy clump (7)
6 Starting points (7)
7 Mimic (11)
8 Act evasively (11)
14 Avid follower (7)
15 Israeli city (3,4)
17 Natural depression (6)
18 Silk fabric (5)
19 Male aristocrat (5)

PUZZLE 29

Across

1 Compact mass (4)
3 Collection in its entirety (8)
9 Yellow fruits (7)
10 Slight error; oversight (5)
11 Money paid for work (12)
13 Entry pass (6)
15 Straying from the right course (6)
17 Jail term without end (4,8)
20 Praise highly (5)
21 Flog; whip (7)
22 Working dough (8)
23 Ostrich-like bird (4)

Down

1 Set free (8)
2 Musical note (5)
4 Soak up (6)
5 Destruction (12)
6 Certificate (7)
7 Female sheep (pl.) (4)
8 Indifferent to (12)
12 And so on (2,6)
14 The weather conditions in an area in general (7)
16 Period of instruction (6)
18 Compass point (5)
19 Stream or small river (4)

PUZZLE 30

Across

1 Confirmed or supported a decision (6)
7 Modify with new parts (8)
8 Violate a law of God (3)
9 e.g. Rory McIlroy (6)
10 Bats (anag.) (4)
11 Weary (5)
13 Marsh (7)
15 Repository (7)
17 Creates (5)
21 Cheek (4)
22 Expressing regret (6)
23 Vessel (3)
24 Occurring twice a year (8)
25 Stink (6)

Down

1 Outcome (6)
2 Desire or craving (6)
3 Early version of a document (5)
4 Deprived of food (7)
5 Mexican pancake (8)
6 Small arboreal ape (6)
12 Ranks in society (8)
14 Late (7)
16 Novice (6)
18 SI unit of thermodynamic temperature (6)
19 Rough drawing (6)
20 Prison compartments (5)

PUZZLE 31

Across

1 Cereal grains used as food (4)
3 Separated; detached (8)
9 Act of avoiding capture (7)
10 Wild dog of Australia (5)
11 Skilled joiner (12)
14 Spoil (3)
16 Cattle-breeding farm (5)
17 Nothing (3)
18 Extremely harmful (12)
21 Whip eggs (5)
22 Visionary (7)
23 Denial of something (8)
24 Finishes (4)

Down

1 Defeat (8)
2 Pollex (5)
4 Pub (3)
5 Antique; not modern (3-9)
6 Restaurant in a workplace (7)
7 Prod (anag.) (4)
8 Evening dress for men (6,6)
12 Religious doctrine (5)
13 Signs for public display (8)
15 Raising (7)
19 Mortal (5)
20 Link a town with another (4)
22 Pair of actors (3)

PUZZLE 32

Across

1 Suppress (4)
3 Floating masses of frozen water (8)
9 Perfect happiness (7)
10 Sink; sag (5)
11 Palpitate (5)
12 Large crustacean (7)
13 Support (6)
15 Banish; eliminate (6)
17 Tumult (7)
18 Dance club (5)
20 Double-reed instruments (5)
21 Singlet (anag.) (7)
22 Navigating (8)
23 In an inactive way; with no particular purpose (4)

Down

1 Buildings (13)
2 Less common (5)
4 Moves like a baby (6)
5 Process of enlarging one's muscles (12)
6 Highest vantage point of a building (7)
7 In a manner that exceeds what is necessary (13)
8 Troublemaker (6-6)
14 Form of singing for entertainment (7)
16 Substance present in cereal grains (6)
19 Of definite shape (5)

PUZZLE 33

Across

1 Swindle (4)
3 Cowards (8)
9 Blank page in a book (7)
10 Maritime (5)
11 Make a living with difficulty (3)
12 Store of hoarded wealth (5)
13 Less narrow (5)
15 Total disorder (5)
17 Steer (anag.) (5)
18 Cry (3)
19 Continuing in existence (5)
20 Hide (7)
21 Removing from the premises (8)
22 Soft cheese (4)

Down

1 Distinguish between (13)
2 Recipient of money (5)
4 Gave out loud puffs of air (6)
5 Building (12)
6 Jealous (7)
7 25th anniversary celebration (6,7)
8 Disregarding the rules (5,3,4)
14 Type of vermouth (7)
16 Roman god of fire (6)
18 Derisive smile (5)

PUZZLE 34

Across

1 Country in central Africa (6)
7 Squeeze (8)
8 For each (3)
9 Japanese robe (6)
10 Change (4)
11 Assesses performance (5)
13 Organs (7)
15 Marked like a zebra (7)
17 Aromatic plants (5)
21 Area of a church (4)
22 Capturing (6)
23 Assist (3)
24 Sliver of wood (8)
25 Flammable material used to light a fire (6)

Down

1 Current of air (6)
2 Bazaar (6)
3 Performer (5)
4 Pungent gas (7)
5 Administrative division (8)
6 Far from the intended target (6)
12 Large outbreak of a disease (8)
14 Say again (7)
16 Walks heavily and firmly (6)
18 Pay attention to (6)
19 Transmitter (6)
20 Avoid; garment (5)

PUZZLE 35

Across

1 Prima donna (4)
3 Fed to completeness (8)
9 Handful (7)
10 Divided into two (5)
11 Short story or poem for children (7,5)
13 Stimulate (6)
15 Type of examination (6)
17 Awkward (12)
20 Outstanding (of a debt) (5)
21 Simple song for a baby (7)
22 Inhaled (8)
23 Surplus (4)

Down

1 Protector; guardian (8)
2 Helmet part for protecting the face (5)
4 Lanes (6)
5 Incomprehensibly (12)
6 Relating to heat (7)
7 Government tax (4)
8 Reconsideration; item added later (12)
12 Purple quartz (8)
14 Restrict (7)
16 Change gradually (6)
18 Electronic message (5)
19 Implement for styling hair (4)

PUZZLE 36

Across

4	Unoccupied areas (6)
7	Window in a roof (8)
8	Unit of resistance (3)
9	Run away (4)
10	Insure (anag.) (6)
11	Showed a person to their seat (7)
12	Type of tree (5)
15	Avocet-like wader (5)
17	Make weary (7)
20	Mouthpiece of the gods (6)
21	Useful implement (4)
22	Female chicken (3)
23	Grew in size (8)
24	Holy (6)

Down

1	Abilities; talents (6)
2	Wild flower (8)
3	Catches fire (7)
4	Dark beer (5)
5	Opposite of open (6)
6	Boil gently (6)
13	Making big demands on something (8)
14	Extract (7)
15	Landmarks; spectacles (6)
16	Symbolic (6)
18	Taken illegally (6)
19	Behaved (5)

PUZZLE 37

Across
1. Fantastic (8)
5. Familiar name for a potato (4)
9. In the middle of (5)
10. Reasonably to be believed (7)
11. Lacking tolerance or flexibility (6-6)
13. Innate character of a person (6)
14. Swelling on the big toe (6)
17. Lawfully (12)
20. Inverts (anag.) (7)
21. Repeat something once more (5)
22. Stage of twilight (4)
23. Copied (8)

Down
1. Large and scholarly book (4)
2. Shining (7)
3. Explanatory (12)
4. Relations by marriage (2-4)
6. Walked up and down (5)
7. Deceiving (8)
8. Relating to farming (12)
12. Surrounded (8)
15. Unlawful (7)
16. US rapper (6)
18. Young females (5)
19. Moved quickly (4)

PUZZLE 38

Across

1 Shine (4)
3 Small terrestrial crustaceans (8)
9 Performer of gymnastic feats (7)
10 Punctuation mark (5)
11 A grouping of states (12)
13 Book of the Bible (6)
15 Hesitates (6)
17 Unlawful (12)
20 Debate in a heated manner (5)
21 Pays no attention to (7)
22 Plan anew (8)
23 Sell (anag.) (4)

Down

1 Split into subdivisions (8)
2 Public meeting for open discussion (5)
4 Capital of Canada (6)
5 Formal announcements (12)
6 Prisoners (7)
7 School test (4)
8 Completeness (12)
12 Judges (8)
14 Duty-bound (7)
16 Longing for (6)
18 Fourth month (5)
19 Just and unbiased (4)

PUZZLE 39

Across

1 Establish firmly (8)
5 Moist (4)
8 Put into use (5)
9 One event in a sequence (7)
10 Refills (7)
12 Define clearly (7)
14 Improve equipment (7)
16 Forgives for a fault (7)
18 Scottish national emblem (7)
19 Device used to give support (5)
20 System of contemplation (4)
21 Exceptional (8)

Down

1 Time periods (4)
2 Push over (6)
3 e.g. residents of Cairo (9)
4 Happy (6)
6 Open declaration of affirmation (6)
7 Coerce into doing something (8)
11 Ludicrous (9)
12 Mutely (8)
13 Feeling a continuous dull pain (6)
14 Rhesus (anag.) (6)
15 Opposite of an acid (6)
17 Remove the skin from (4)

PUZZLE 40

Across

1 Lower (8)
5 Single article (4)
9 Grasp tightly (5)
10 Goes back on a promise (7)
11 Variety of strong coffee (5)
12 Support for a golf ball (3)
13 Theme for a discussion (5)
15 Races (anag.) (5)
17 Mischievous sprite (3)
19 Bird claw (5)
20 Sudden inclination to act (7)
21 Juicy fruit (5)
22 Require (4)
23 Marriages (8)

Down

1 Decay (13)
2 Opportunities (7)
3 Vehemently (12)
4 Small crustacean (6)
6 Taut (5)
7 Of mixed character (13)
8 Not familiar with or used to (12)
14 Dark pigment in skin (7)
16 Withdraw (6)
18 Immature insects (5)

PUZZLE 41

Across

1 Holding and using (a weapon) (8)
5 White aquatic bird (4)
9 Robber (5)
10 Trailer (7)
11 Intentionally (12)
13 Yield (6)
14 Excite agreeably (6)
17 Inventiveness (12)
20 Admire deeply (7)
21 Equine animal (5)
22 Grain that grows into a new plant (4)
23 Wrestled (8)

Down

1 Unit of power (4)
2 Obvious (7)
3 Tricky elements; obstacles (12)
4 Bit sharply (6)
6 Produce a literary work (5)
7 Recently married (5-3)
8 Connection or association (12)
12 Worries (8)
15 Small falcon (7)
16 Graphical representation of a person (6)
18 Follow on (5)
19 Alcoholic drink (4)

PUZZLE 42

Across

1. Large marsupial (8)
5. Flightless birds (4)
8. Mournful poem (5)
9. Decorative altar cloth (7)
10. Small rounded lumps (7)
12. Green gemstone (7)
14. Embarrassed (7)
16. Moved away from the right course (7)
18. More irate (7)
19. Cancel (5)
20. Ivy League university (4)
21. Gathering (8)

Down

1. Eager (4)
2. Sewing instrument (6)
3. Awfully (9)
4. Cause to feel upset (6)
6. Fortitude (6)
7. Spattered with liquid (8)
11. Destroy or ruin (9)
12. Person sent on a special mission (8)
13. Avoiding waste; thrifty (6)
14. Decorates (6)
15. Mix socially (6)
17. Disgust with an excess of sweetness (4)

PUZZLE 43

Across

1 Not curly (of hair) (8)
5 Protective crust over a wound (4)
9 Gives off (5)
10 Citrus fruits (7)
11 Great sorrow (5)
12 Our star (3)
13 Strength (5)
15 Venomous snake (5)
17 Distant (3)
19 Hurled away (5)
20 Go forward (7)
21 Deep fissure (5)
22 Boring (4)
23 Plant of the primrose family (8)

Down

1 Legerdemain (7,2,4)
2 Dried grapes (7)
3 Inadequate (12)
4 Factory siren (6)
6 Animal enclosures (5)
7 Female professional (13)
8 Relating to numbers (12)
14 Gun (7)
16 Where bread is made (6)
18 Direct competitor (5)

PUZZLE 44

Across

1. Clay pottery (11)
9. Saying (5)
10. Vitality (3)
11. Engross oneself in (5)
12. Ravine (5)
13. Able to read and write (8)
16. Country in Asia (8)
18. Teams (5)
21. Join together; merge (5)
22. Belonging to us (3)
23. A leaf of paper (5)
24. Abashed (11)

Down

2. Takes a firm stand (7)
3. Meddles with (7)
4. Still existing (6)
5. Mistaken (5)
6. Wanderer (5)
7. Disenchant (11)
8. Instantly (11)
14. Having solidified from lava (of rock) (7)
15. Oval shape (7)
17. Of the eye (6)
19. Kind of wheat (5)
20. Capital of Bulgaria (5)

PUZZLE 45

Across

1 Portend (8)
5 Musical composition (4)
9 Areas of mown grass (5)
10 Abrupt in manner (7)
11 Dry red table wine of Italy (7)
12 Walk (5)
13 Belief in a god or gods (6)
14 Printed mistakes (6)
17 Mythical monster (5)
19 Inflexible and unyielding (7)
20 Waterproof fabric (7)
21 Large bird of prey (5)
22 Drains of energy (4)
23 Giant ocean waves (8)

Down

1 Congratulations (13)
2 Untanned leather (7)
3 Efficient (12)
4 Trash (6)
6 Wound the pride of (5)
7 Loyalty in the face of trouble (13)
8 Underground (12)
15 Mercury alloy (7)
16 Gives a description of (6)
18 Spring flower (5)

PUZZLE 46

Across

1 Air sport (4-7)
9 Sully or blemish (5)
10 Annoy (3)
11 Danger (5)
12 Skirmish (5)
13 Living thing (8)
16 Midwestern US state (8)
18 Gave a job to (5)
21 Held on to something tightly (5)
22 Signal assent with the head (3)
23 Come into contact with (5)
24 e.g. share news (11)

Down

2 Mediocre (7)
3 Young goose (7)
4 Departs (6)
5 Fabric used to make jeans (5)
6 Original (5)
7 Coming close to (11)
8 Extremely (11)
14 Able to read minds (7)
15 Fractional part (7)
17 Cast doubt upon (6)
19 Cowboy exhibition (5)
20 Single piece of information (5)

PUZZLE 47

Across

1 State capital of Ohio (8)
5 One of the continents (4)
9 Use to one's advantage (5)
10 Small stones (7)
11 Non-believer in God (7)
12 External (5)
13 Passage to the lungs and stomach (6)
14 Central parts of cells (6)
17 Awake from slumber (5)
19 Supervise (7)
20 Bewitch (7)
21 Run away with a lover (5)
22 Look for (4)
23 Brief summary (8)

Down

1 Dull and uninteresting (13)
2 Material made from animal skin (7)
3 Agreed upon by several parties (12)
4 Self-important; arrogant (6)
6 Break apart forcibly (5)
7 Aggressive self-assurance (13)
8 Lowest possible temperature (8,4)
15 Periods of instruction (7)
16 Garrulous; insolent (6)
18 Male relation (5)

PUZZLE 48

Across

1 Cloth worn around the waist (4)
3 Branch of mechanics (8)
9 e.g. biceps and triceps (7)
10 Used a computer keyboard (5)
11 Mathematics of triangles (12)
14 Annoy continuously (3)
16 Announcement (5)
17 One circuit of a track (3)
18 Part of the mind (12)
21 Unit of light (5)
22 Kneecap (7)
23 Falls back (8)
24 Corner (4)

Down

1 Musical interval (8)
2 Japanese food (5)
4 Opposite of no (3)
5 Quality of being genuine (12)
6 Endanger (7)
7 Froth of soap and water (4)
8 Fence closure (anag.) (12)
12 The Hunter (constellation) (5)
13 Religious deserter (8)
15 Epicure (7)
19 Lubricated (5)
20 Speak indistinctly (4)
22 Place (3)

PUZZLE 49

Across

1 Assign (8)
5 Break suddenly (4)
9 Small drum (5)
10 Father of a parent (7)
11 Republic in South America (7)
12 Surprise result (5)
13 Away from the coast (6)
14 Lunatic (6)
17 Tease or pester (5)
19 Relating to sight (7)
20 Distant settlement (7)
21 Imitative of the past (5)
22 Put in order (4)
23 Be envious of (8)

Down

1 Shortened forms of words (13)
2 Pertaining to the tongue (7)
3 Effective working together of parts (12)
4 Big cats (6)
6 Nosed (anag.) (5)
7 Playful trick (9,4)
8 Maker (12)
15 Provoked; encouraged (7)
16 Type of beard (6)
18 Complete; absolute (5)

PUZZLE 50

Across

1 Shipment (11)
9 First woman (3)
10 Large amounts of land (5)
11 Transmits (5)
12 Lines (anag.) (5)
13 Two-wheeled vehicles (8)
16 Form of make-up (8)
18 Mountain cry (5)
20 Small heron (5)
21 The Norwegian language (5)
22 Argument against something (3)
23 Specialist in care for the feet (11)

Down

2 Corpulent (5)
3 Drenches (5)
4 Strong-smelling bulb (6)
5 Assignment; errand (7)
6 Subtleties (7)
7 Hostile and aggressive (11)
8 Very successful (of a book) (4-7)
14 Expecting prices to fall (7)
15 Wine merchant (7)
17 Catch or snare (6)
18 Give up (5)
19 Packs of cards (5)

PUZZLE 51

Across

1 Pots (4)
3 Drink consumed before bed (8)
9 Gambling houses (7)
10 Bodies of water (5)
11 Poorly fed (12)
13 Dispute the truth of (6)
15 Large homopterous insect (6)
17 In a persuasive manner (12)
20 Tiny piece of food (5)
21 Aromatic herb (7)
22 Component parts (8)
23 Country bordered by Libya and Sudan (4)

Down

1 Rare (8)
2 Of the nose (5)
4 Ursine (anag.) (6)
5 Joyously unrestrained (4-8)
6 Volcanic crater (7)
7 Luxurious; stylish (4)
8 Not excusable (12)
12 Infancy (8)
14 Obtain (7)
16 Implant deeply (6)
18 Chart (5)
19 Skin condition on the face (4)

PUZZLE 52

Across

1 Divisions of companies (11)
9 Drink a little (3)
10 Sea duck (5)
11 Dreadful (5)
12 Stares at amorously (5)
13 Process of sticking to a surface (8)
16 Depending on the time of year (8)
18 Strength (5)
20 Epic poem ascribed to Homer (5)
21 Dramatic musical work (5)
22 Every (3)
23 Freedom from dirt (11)

Down

2 Kick out (5)
3 Assists in a crime (5)
4 Cleaned up (6)
5 Livid (7)
6 Movement of vehicles en masse (7)
7 Amazing (11)
8 Freely (11)
14 Far-reaching; thorough (7)
15 Venetian boat (7)
17 Descend down a cliff (6)
18 Crustacean like a shrimp (5)
19 Wanes (anag.) (5)

PUZZLE 53

Across

1 Openly refuse to obey an order (4)
3 Absurd (8)
9 Existing solely in name (7)
10 Snake (5)
11 Creator of film scripts (12)
13 Surprise results (6)
15 Frequently repeated phrase (6)
17 Foolish or stupid (6-6)
20 Panorama (5)
21 Caused to catch fire (7)
22 Rays of natural light (8)
23 Dairy product (4)

Down

1 Enormous extinct creature (8)
2 Thigh bone (5)
4 Permits (6)
5 Blends; mixtures (12)
6 Remark (7)
7 Give temporarily (4)
8 Lacking a backbone (12)
12 Frankly (8)
14 Hat with a wide brim (7)
16 Average; moderate (6)
18 Trench (5)
19 Days before major events (4)

PUZZLE 54

Across

1 Unstrap (8)
5 Mythical giant (4)
9 Major artery (5)
10 Bird of prey (7)
11 Leopard (7)
12 Confuse or obscure (5)
13 Background actors (6)
14 Protective headgear (6)
17 Ticked over (of an engine) (5)
19 Yearbook (7)
20 People who rent property (7)
21 Up to the time when (5)
22 Hold as an opinion (4)
23 Rushing (2,1,5)

Down

1 Not fully valued (13)
2 Hereditary title (7)
3 Emergency touchdown (5-7)
4 Revels (anag.) (6)
6 Brusque (5)
7 Vigorously (13)
8 Gossip (12)
15 Imaginary scary creature (7)
16 Dried grape (6)
18 Sudden movement (5)

PUZZLE 55

Across

1 Lazy (8)
5 Inspires fear (4)
8 Expect to happen (5)
9 Having sharp features (7)
10 Candid (7)
12 Moves at great speed (7)
14 Official pardon (7)
16 Banners or flags (7)
18 Type of porch (7)
19 Wedding assistant (5)
20 Longest river (4)
21 Accented (8)

Down

1 Engage in argument (4)
2 Public speaker (6)
3 Young bird (9)
4 Seventh planet (6)
6 Strike hard (6)
7 Plan of action (8)
11 e.g. tables and chairs (9)
12 Simple and unsophisticated (8)
13 Relating to stars (6)
14 Classify (6)
15 Long strips of cloth (6)
17 Network of lines (4)

PUZZLE 56

Across

1 Allows (4)
3 Unmarried woman (8)
9 Small dried fruit (7)
10 Spin (5)
11 Limb (3)
12 Escape from (5)
13 Steals (5)
15 Aqualung (5)
17 Locates or places (5)
18 Bleat of a sheep (3)
19 Nearby (5)
20 Sleeveless garment (7)
21 Elks idea (anag.) (8)
22 Cry of derision (4)

Down

1 Lazy (13)
2 Monotonous hum (5)
4 Edible plant tuber (6)
5 Second part of the Bible (3,9)
6 Commendation (7)
7 Amusement park ride (6,7)
8 Failure to act with prudence (12)
14 System of interconnected things (7)
16 In mint condition (6)
18 Nonsense (5)

PUZZLE 57

Across

1 Philosophical doctrine (11)
9 Hearing organ (3)
10 Equipped (5)
11 Grumble (5)
12 Go to see (5)
13 Mesmerism (8)
16 Publicity (8)
18 Blunder (5)
20 Obtain information from various sources (5)
21 Smell (5)
22 Pouch; enclosed space (3)
23 Patriotism (11)

Down

2 Acquires through merit (5)
3 Make law (5)
4 Recollection (6)
5 Prodding with the elbow (7)
6 Unaccompanied musician (7)
7 Serious or influential (11)
8 Infinite knowledge (11)
14 Character in Hamlet (7)
15 Type of natural disaster (7)
17 Revived or regenerated (6)
18 Knotty protuberance on a tree (5)
19 Clenched hands (5)

PUZZLE 58

Across

1 Thick cotton fabric (8)
5 Island of Indonesia (4)
9 e.g. covered with bricks (5)
10 Proportionately (3,4)
11 In a hostile manner (12)
13 Strange thing (6)
14 US state of islands (6)
17 Not capable of justification (12)
20 Coolness (7)
21 At no time (5)
22 One less than ten (4)
23 Researched in detail (8)

Down

1 Hats; protective lids (4)
2 Severely damaged (7)
3 Inadequately manned (12)
4 Argue against (6)
6 With speed (5)
7 Cyan tail (anag.) (8)
8 Inspiring action (12)
12 Place (8)
15 Finished (3,4)
16 For men and women (of clothing) (6)
18 Condescend (5)
19 Push; poke (4)

PUZZLE 59

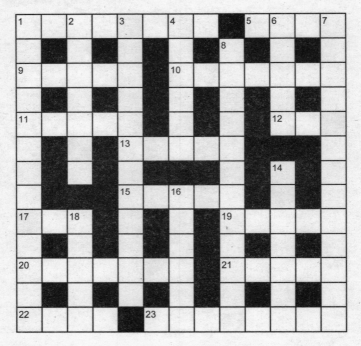

Across

1 Errors (8)
5 Decorated a cake (4)
9 Camel-like animal (5)
10 Casks (7)
11 Undertaking something (5)
12 Touch gently (3)
13 The protection of a particular person (5)
15 Venerate; worship (5)
17 Annoy (3)
19 Armature of a generator (5)
20 Insubstantial (7)
21 Physical strength (5)
22 Derive the benefits (4)
23 Holder of invention rights (8)

Down

1 Manage badly (13)
2 Beach area (7)
3 Process of combining (12)
4 Flowing back (6)
6 Peak (5)
7 Act of vanishing (13)
8 Capable of being moved (12)
14 Take back (7)
16 Ukrainian port (6)
18 African country (5)

PUZZLE 60

Across

4 Took in breath (6)
7 Height (8)
8 Ease into a chair (3)
9 Change course (4)
10 Ploys (6)
11 Submarine weapon (7)
12 Temporary lodgings (5)
15 Common green plant (5)
17 Not straight (7)
20 Takes up (6)
21 Poker stake (4)
22 Flat-topped conical hat (3)
23 Versions of a book (8)
24 Higher in rank (6)

Down

1 Measure of how strongly an object reflects light (6)
2 Brings disorder to (8)
3 Imprisonment (7)
4 Spirit in a bottle (5)
5 Arboreal marsupial (6)
6 Obligations (6)
13 Having a strong smell (8)
14 Mundane (7)
15 Blunders (6)
16 River in South America (6)
18 Consuming food (6)
19 Opposite of lower (5)

PUZZLE 61

Across

1 Thoughtfulness (4)
3 Opera texts (8)
9 Refiles (anag.) (7)
10 Should (5)
11 Remote in manner (5)
12 Not as tall (7)
13 Increase in size (6)
15 Sport Rafael Nadal plays (6)
17 Act of entering (7)
18 One of the United Arab
Emirates (5)
20 Fit with glass (5)
21 Conjuring up feelings (7)
22 Christmas season (8)
23 Depend upon (4)

Down

1 Menacingly (13)
2 Stringed instrument (5)
4 Demand forcefully to
have something (6)
5 Evergreen shrub (12)
6 Become tense (7)
7 Fascinatingly (13)
8 Narcissism (4-8)
14 Plaited lock of hair (7)
16 Climb (6)
19 Groom's partner (5)

PUZZLE 62

Across

1 Present (4)
3 Spies (8)
9 Speech; where you live (7)
10 Droopy (5)
11 Valetudinarianism (12)
13 Arrange laws systematically (6)
15 Style of popular music (6)
17 Unnecessarily careful (12)
20 Monster with nine heads (5)
21 220 yards (7)
22 Device that chops up
   documents (8)
23 Totals (4)

Down

1 Diagrams (8)
2 Frustrated and annoyed (3,2)
4 Insole (anag.) (6)
5 Mishap (12)
6 Exhaling audibly (7)
7 Utters (4)
8 From this time on (12)
12 Written communications (8)
14 Separator (7)
16 Confuse (6)
18 Egg-shaped solid (5)
19 Reasons; explanations (4)

PUZZLE 63

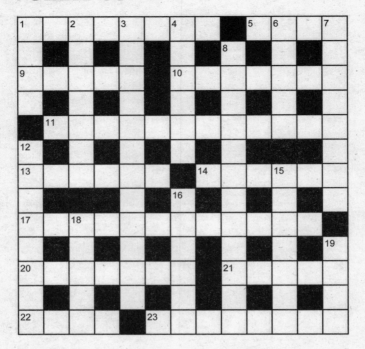

Across

1 Always in a similar role (of an actor) (8)
5 Heroic tale (4)
9 Element with atomic number 5 (5)
10 Plunderers (7)
11 Cooling device in the kitchen (12)
13 Round and plump (6)
14 Small spots or dots (6)
17 Repetition of the same sound (12)
20 Large monkeys (7)
21 Come with (5)
22 Snake-like fish (pl.) (4)
23 Space rock (8)

Down

1 Brass musical instrument (4)
2 Upstart; one who has recently gained wealth (7)
3 Donation (12)
4 Shows indifference (6)
6 Prevent (5)
7 Obscure (8)
8 Discreditable (12)
12 Clamber (8)
15 Spicy Spanish sausage (7)
16 Has confidence in (6)
18 Published false statement (5)
19 Matured (4)

PUZZLE 64

Across

4 Pertaining to vinegar (6)
7 Closeness (8)
8 Uncooked (of meat) (3)
9 High-pitched noise (4)
10 Gnawing animal like a rat (6)
11 Rattish (anag.) (7)
12 All (5)
15 Type of confection (5)
17 Singer (7)
20 In flower (6)
21 Opposite of an entrance (4)
22 Edible nut (3)
23 Inconceivably large (8)
24 Drowsy (6)

Down

1 Hate (6)
2 Letting go of (8)
3 Female inheritor (7)
4 Apart from (5)
5 Slow-moving reptile (6)
6 Cattle herder (6)
13 Aggressive use of force (8)
14 Quiver (7)
15 Comic dramatic works (6)
16 Feasible (6)
18 Magical potion (6)
19 Watery; marshy (5)

PUZZLE 65

Across

1 Every (4)
3 Delicate ornamental work (8)
9 Jeer noisily at (7)
10 Noble gas (5)
11 Incessantly (12)
14 Finish (3)
16 Exhaust gases (5)
17 Plant liquid (3)
18 Vain (12)
21 Unfasten a garment (5)
22 Element needed by the body (7)
23 Hampered (8)
24 Biblical garden (4)

Down

1 Set out on a voyage (8)
2 Christmas song (5)
4 Family or variety (3)
5 Overwhelmingly compelling (12)
6 Enigmas (7)
7 Volcano in Sicily (4)
8 Grandeur (12)
12 Devices that emit light (5)
13 Astronaut (8)
15 Impassive (7)
19 Three-note chord (5)
20 Shrub; uncultivated land (4)
22 Signal for action (3)

PUZZLE 66

Across

- **4** Intense dislike (6)
- **7** Type of pasta (8)
- **8** Close-fitting hat (3)
- **9** Document allowing entry to a country (4)
- **10** Bird; crazy (6)
- **11** Fled from captivity (7)
- **12** Lump or bump (5)
- **15** Bottoms of shoes (5)
- **17** Wooden houses (7)
- **20** Seem (6)
- **21** Sudden desire (4)
- **22** Fish appendage (3)
- **23** Includes in something else (8)
- **24** Thoroughfare (6)

Down

- **1** Customs; settled tendencies (6)
- **2** Hard shell of a crustacean (8)
- **3** Covered entrances to buildings (7)
- **4** Snag; minor problem (5)
- **5** Pull back from (6)
- **6** Remove from office (6)
- **13** Illegal (8)
- **14** Thus; as a result (7)
- **15** Pushes filling inside (6)
- **16** Lender (6)
- **18** Wound together (6)
- **19** Robbery (5)

PUZZLE 67

Across

1 Legible (8)
5 Golf (anag.) (4)
9 Art gallery (5)
10 Tympanic membrane (7)
11 Based on legend (12)
14 Possessed (3)
15 Not tight (5)
16 Interdict (3)
17 Atmospheric layer (12)
20 Milk sugar (7)
22 Earlier (5)
23 Fathers (4)
24 Meddlesome person (8)

Down

1 Prickly plant with fragrant flowers (4)
2 Combined metals (7)
3 Total destruction (12)
4 Sheltered side (3)
6 Expressing emotions (of poetry) (5)
7 People who place bets (8)
8 Ready to react violently (7-5)
12 Views; observes (5)
13 Made a high-pitched sound (8)
16 Tortilla rolled around a filling (7)
18 Competed in a speed contest (5)
19 Military unit (4)
21 Flightless bird (3)

PUZZLE 68

Across

1 Tiny amount (4)
3 Functioned (8)
9 Prepare beforehand (7)
10 Fills a suitcase (5)
11 At the present time (3)
12 Growl with bare teeth (5)
13 Unpleasant giants (5)
15 Solemn promises (5)
17 Show indifference with the shoulders (5)
18 Hip (anag.) (3)
19 Frenzied (5)
20 Idealistic (7)
21 Specific place or area (8)
22 Give temporarily (4)

Down

1 Extremely small (13)
2 Chuck (5)
4 Treat with excessive indulgence (6)
5 Act of reclamation (12)
6 Musical composition (7)
7 Disenchanted (13)
8 Caused by disease (12)
14 Long-lasting and recurrent (7)
16 Uproar (6)
18 Balance (5)

PUZZLE 69

Across

1 Sprints (4)
3 Street cleaners (8)
9 Uncertainly; not clearly (7)
10 Relinquish (5)
11 Espresso coffee and steamed milk (5)
12 Aerial rescue (7)
13 Special rewards (6)
15 Catchphrase (6)
17 Burdensome (7)
18 Fight (3-2)
20 Excuse of any kind (5)
21 Malady (7)
22 Boating (8)
23 Anxious; nervous (4)

Down

1 Markedly new (13)
2 This follows day (5)
4 Accost; hold up (6)
5 Easily (12)
6 Meriting (7)
7 Impulsively (13)
8 Person who receives office visitors (12)
14 Mournful (7)
16 Allocate a duty (6)
19 Pattern (5)

PUZZLE 70

Across

1 Factual TV program (11)
9 Protective containers (5)
10 Compete (3)
11 Longest river in Europe (5)
12 Abominable snowmen (5)
13 Sonorous (8)
16 Hymn or chant (8)
18 Hands over (5)
21 Concur (5)
22 Opposite of bottom (3)
23 Loft (5)
24 Youth (11)

Down

2 Tapering stone pillar (7)
3 Strange or mysterious (7)
4 Banner or flag (6)
5 Delicious (5)
6 Short bolt or pin (5)
7 Supreme authority (11)
8 Quantification (11)
14 Person on the staff of an ambassador (7)
15 Sour in taste (7)
17 Lessens (6)
19 Lacking interest (5)
20 Will (5)

PUZZLE 71

Across

1 Sheet of paper in a book (4)
3 Unable to discern musical pitch (4-4)
9 Aural pain (7)
10 Port-au-Prince is the capital here (5)
11 e.g. Pacific or Atlantic (5)
12 Affluent (7)
13 Astute (6)
15 Bear witness (6)
17 Most important (7)
18 Record on tape (5)
20 Cake decoration (5)
21 e.g. Borneo and Java (7)
22 Male relation (8)
23 Cultivated (4)

Down

1 Engaging (13)
2 Spiny yellow-flowered shrub (5)
4 State of the USA (6)
5 Thoroughly (12)
6 Wicked look that causes harm (4,3)
7 Teasingly (13)
8 Generally accepted (12)
14 Copy (7)
16 Sheep known for its wool (6)
19 Person who eats in a restaurant (5)

PUZZLE 72

Across

1 Melt (4)
3 Allocated (8)
9 Communication; note (7)
10 Remove errors from software (5)
11 Monotonously (12)
14 Involuntary spasm (3)
16 Circular in shape (5)
17 University teacher (3)
18 Provincialism (12)
21 Rope with a running noose (5)
22 Greatest in height (7)
23 Male comedian (8)
24 Heavenly body (4)

Down

1 Audacity (8)
2 Greek writer of fables (5)
4 Issue legal proceedings (3)
5 Separately (12)
6 Took small bites out of (7)
7 Canines (4)
8 Study of microorganisms (12)
12 Hard and durable (5)
13 Cartoon artist (8)
15 Corneas (anag.) (7)
19 Inactive (5)
20 Musical staff sign (4)
22 Popular beverage (3)

PUZZLE 73

Across

1 Garment for the foot (4)
3 Mountaineers (8)
9 Ate a midday meal (7)
10 Sheet (anag.) (5)
11 Mountain pass (3)
12 Lying flat (5)
13 Roost (5)
15 Ellipses (5)
17 Pertaining to birds (5)
18 Unit of current (3)
19 Insect larva (5)
20 Vivid (7)
21 Interpret the meaning of (8)
22 Spoken or sung (4)

Down

1 Complete in itself (of a thing) (4-9)
2 Artificial waterway (5)
4 Person staying in another's home (6)
5 Highly abstract (12)
6 Ugly building (7)
7 Lacking originality (13)
8 Type of contest (12)
14 Of enormous effect (7)
16 Climax or culmination (6)
18 Loathe (5)

PUZZLE 74

Across

1 Set of playing cards (4)
3 Vacillating (8)
9 Kind or sort (7)
10 Exams (5)
11 Not found (12)
13 Sound reflections (6)
15 Small cave (6)
17 The ? symbol (8,4)
20 Live by (5)
21 Messenger (7)
22 Least heavy (8)
23 Afresh (4)

Down

1 Ate greedily (8)
2 Felt concern or interest (5)
4 In a careless manner (6)
5 Someone who sets up their own business (12)
6 Examine (7)
7 Current of air (4)
8 Re-evaluation (12)
12 Dawn (8)
14 Accommodation (7)
16 Dancing clubs (6)
18 Negative ion (5)
19 Travel on water (4)

PUZZLE 75

Across

1 Most foolish (8)
5 Mischievous god in Norse mythology (4)
9 Wards (anag.) (5)
10 Fame (7)
11 Working for oneself (4-8)
13 Heed (6)
14 Ice buildings (6)
17 Someone you know (12)
20 Promising actress (7)
21 Sandy wasteland (5)
22 Move like a wheel (4)
23 Occasional (8)

Down

1 Team (4)
2 Raises dough (using yeast) (7)
3 Intolerable (12)
4 Plant with oil rich seeds (6)
6 Strangely (5)
7 Lacking humility (8)
8 Someone skilled in penmanship (12)
12 Cosmetic product for the skin (8)
15 Land with fruit trees (7)
16 Arch of the foot (6)
18 Small game bird (5)
19 Stylish (4)

PUZZLE 76

Across

1 Self-supporting structures (6)
7 e.g. putting a sapling in the ground (8)
8 Be in debt (3)
9 Grown ups (6)
10 Pass the tongue over (4)
11 Bottomless pit (5)
13 Boorish (7)
15 Nuclear ___ : device that generates energy (7)
17 Becomes acrimonious (5)
21 Unit of type-size (4)
22 Supported (6)
23 Sphere or globe (3)
24 Sheets and pillowcases (8)
25 Silver (literary) (6)

Down

1 Single-celled organism (6)
2 Like an old floorboard (6)
3 Magical incantation (5)
4 Emotion (7)
5 Sharp heel (8)
6 Plays out (6)
12 Companionable (8)
14 Searching carefully (7)
16 Banished (6)
18 Unfastened (6)
19 Water ice (6)
20 Spiritual nourishment (5)

PUZZLE 77

Across

4 Spherical objects (6)
7 Distinguishing mark (8)
8 Not new (3)
9 Soothing remedy (4)
10 Increase; extend (6)
11 Moving on ice (7)
12 Dark wood (5)
15 Keep (5)
17 Cleaning item (7)
20 Cloud of gas in space (6)
21 An individual thing (4)
22 Pronoun used to refer to a ship (3)
23 Place (8)
24 Abandon (6)

Down

1 Uncover (6)
2 Distance across a circle (8)
3 Painkilling drug (7)
4 Looked at open-mouthed (5)
5 Wild horse (6)
6 Capital of New South Wales (6)
13 Bunches of flowers (8)
14 Superficial wound (7)
15 Perceived (6)
16 Possessors (6)
18 The boss at a newspaper (6)
19 Bed covering (5)

PUZZLE 78

Across

1 Accomplishment (11)
9 Mature (3)
10 Draws into the mouth (5)
11 Went down on one knee (5)
12 Select; formally approve (5)
13 Changing (8)
16 People with auburn hair (8)
18 Microscopic fungus (5)
20 Impress on paper (5)
21 Arrive at (5)
22 Belonging to him (3)
23 Pun (4,2,5)

Down

2 Doctrine; system of beliefs (5)
3 One image within another (5)
4 Space devoid of matter (6)
5 Disguising; hiding (7)
6 Country in West Africa (7)
7 Calamity or great loss (11)
8 Defect in the eye (11)
14 Commander in chief of a fleet (7)
15 Ruin; demolish (7)
17 Keep hold of (6)
18 Loutish person (5)
19 Hankered after (5)

PUZZLE 79

Across

1 Struggling (8)
5 Stick with a hook (4)
9 Large fruit with pulpy flesh (5)
10 Coupon (7)
11 Released from a duty (7)
12 Prod with the elbow (5)
13 Yearly (6)
14 Turn down (6)
17 Loosened (5)
19 e.g. the Phantom of the Opera (7)
20 Beat easily (7)
21 Foolishly credulous (5)
22 Opposite of win (4)
23 Turns around (8)

Down

1 Unpredictable (13)
2 Semiconducting element (7)
3 Having existed for a considerable time (4-8)
4 US state whose capital is Carson City (6)
6 Plant pest (5)
7 Absent-mindedness (13)
8 Most perfect example of a quality (12)
15 Mischievous children (7)
16 Measure of electrical current (6)
18 Halts (5)

PUZZLE 80

Across

1 Dregs (8)
5 Woodwind instrument (4)
9 Red-chested bird (5)
10 Grapple with (7)
11 Resolutely (12)
13 Breathe in (6)
14 Poorly dressed child (6)
17 Uncertain (12)
20 Get better (7)
21 Ringing sound (5)
22 Playthings (4)
23 Vision (8)

Down

1 Free from doubt (4)
2 Corrupt (7)
3 Act of influencing
  someone deviously (12)
4 Freshest (6)
6 Asian pepper plant (5)
7 All people (8)
8 Renditions (12)
12 Anxiety (8)
15 Aiding (7)
16 Exclusively (6)
18 Not containing anything (5)
19 Strip of leather worn
  round the waist (4)

PUZZLE 81

Across

1 Fine soft thread (4)
3 Extreme bitterness (8)
9 Absorb all the attention of (7)
10 Damp (5)
11 Immeasurably (12)
13 Personal principles (6)
15 Chase (6)
17 Stretched out completely (12)
20 Thermosetting resin (5)
21 An edible jelly (7)
22 At work (2-3-3)
23 Garden outbuilding (4)

Down

1 Stated clearly (8)
2 Good sense (5)
4 Offhand (6)
5 Limitless (12)
6 Frozen water spears (7)
7 Legendary creature (4)
8 Preservative chemical (12)
12 Blushed (8)
14 Notable feat (7)
16 In slow tempo (of music) (6)
18 Gate fastener (5)
19 Monetary unit of Mexico (4)

PUZZLE 82

Across

1 Eye condition (8)
5 Type of air pollution (4)
9 Start (5)
10 Hot wind blowing from North Africa (7)
11 Detailed reports (12)
13 World's largest country (6)
14 Marble (anag.) (6)
17 Surrender (12)
20 Countries (7)
21 Narrow opening (5)
22 Sand hill (4)
23 Small window (8)

Down

1 Desert in northern China (4)
2 Fishermen (7)
3 Compulsory military service (12)
4 Believer in the occult (6)
6 Very masculine (5)
7 Alphabetical list of terms (8)
8 Relating to numeric calculations (12)
12 Spider (8)
15 Circling around (7)
16 State of matter (6)
18 Feign (3,2)
19 Comedy sketch (4)

PUZZLE 83

Across

1. Accredited diplomats (11)
9. Bristle-like appendage (3)
10. Antelope (5)
11. Oneness (5)
12. Yearns for (5)
13. Person who supports a cause (8)
16. Impartial parties (8)
18. Plants of a region (5)
20. Belief in a god or gods (5)
21. Paved courtyard (5)
22. Trouble in body or mind (3)
23. Fragility (11)

Down

2. Period of time consisting of 28 - 31 days (5)
3. Declares (5)
4. Specified (6)
5. Worked out logically (7)
6. Repeats from memory (7)
7. Spanish tennis star (6,5)
8. Obscurely (11)
14. Evergreen coniferous shrub (7)
15. Brass wind instrument (7)
17. Edible pulse (6)
18. Scowl (5)
19. Gemstones (5)

PUZZLE 84

Across

1 Use these to row a boat (4)
3 Parts of a book (8)
9 Get up to speed (5,2)
10 Laud (5)
11 Opposite of amateur (12)
14 The gist of the matter (3)
16 Unit of capacitance (5)
17 Draw (3)
18 Fellow plotter (12)
21 Undo a knot (5)
22 Listless (7)
23 Move out the way of (8)
24 Metal fastener (4)

Down

1 Resident (8)
2 Quantitative relation between two amounts (5)
4 Fruit of a rose (3)
5 Surpassing in influence (12)
6 Remove or take out (7)
7 Sodium chloride (4)
8 Optimism (12)
12 Small woody plant (5)
13 Treated with disrespect (8)
15 Augmented (7)
19 Have faith in (5)
20 Protrudes out (4)
22 Made-up statement (3)

PUZZLE 85

Across

1 Hit with the foot (4)
3 Justified in terms of profitability (8)
9 Aperture or hole (7)
10 Elector (5)
11 Piece of wood (3)
12 Wash in water to remove soap or dirt (5)
13 Cairo is in this country (5)
15 Path or road (5)
17 Happening (5)
18 Nip (anag.) (3)
19 Relay device (5)
20 Rayon fabric (7)
21 Encrypting (8)
22 Outer garment (4)

Down

1 Intelligent and informed (13)
2 Remain very close to (5)
4 Body of all ordained people (6)
5 Notwithstanding (12)
6 Afternoon performance (7)
7 Person who writes letters regularly (13)
8 Dispirited (12)
14 Sterile (7)
16 Not level (6)
18 Camera image (5)

PUZZLE 86

Across

1 Alert and thinking cogently (5-6)
9 Amide (anag.) (5)
10 Ancient pot (3)
11 Promotional wording (5)
12 Doglike mammal (5)
13 Fairness (8)
16 Deliberately damage (8)
18 Noble gas (5)
21 Hackneyed (5)
22 Organ of sight (3)
23 Adult insect (5)
24 Daring; bold (11)

Down

2 Peas and beans (7)
3 Swimming aid (7)
4 Fences made of bushes (6)
5 Covered with water (5)
6 Composition for a solo instrument (5)
7 Shortened (11)
8 Expansion (11)
14 Map line showing equal height (7)
15 Reindeer (7)
17 Struck by overwhelming shock (6)
19 Avarice (5)
20 Sound of any kind (5)

PUZZLE 87

Across

1 Long mountain chain (6)
7 Flatten (8)
8 Flexible container (3)
9 Urges to do something (6)
10 Shaft on which a wheel rotates (4)
11 Purchaser (5)
13 Passing around a town (of a road) (7)
15 Strips of wood (7)
17 Bucks (5)
21 Wingless jumping insect (4)
22 Turbulence (6)
23 Meat from a pig (3)
24 Luggage item (8)
25 Justly (6)

Down

1 Residential district (6)
2 Nervously (6)
3 Monastery church (5)
4 Sense of resolution (7)
5 Utopian (8)
6 Type of rhododendron (6)
12 Competition participants (8)
14 Brutal; cruel (7)
16 Using all one's resources (3,3)
18 Writer (6)
19 Decorous; proper (6)
20 Short and sweet (5)

PUZZLE 88

Across

1 Part of a door fastening (4)
3 Reload (8)
9 Made a bubbling sound (7)
10 Appear suddenly (3,2)
11 First Greek letter (5)
12 Process of wearing away (7)
13 Cease (6)
15 Dwarfed tree (6)
17 Forbidden by law (7)
18 Ornamental stone (5)
20 Vital organ (5)
21 Complain; moan (7)
22 Submissive (8)
23 Part of the eye (4)

Down

1 Autocratic (4-3-6)
2 Discard (5)
4 Small whirlpools (6)
5 Thick-skinned herbivorous animal (12)
6 Mends (7)
7 Ebullience (13)
8 Thinking sensibly (5-7)
14 Recover (7)
16 Large bottle for wine (6)
19 Natural yellow resin (5)

PUZZLE 89

Across

1 Photographic equipment (6)
7 Blinking on and off (of a light) (8)
8 Gallivant (3)
9 Adoring (6)
10 Male sheep (pl.) (4)
11 Vault under a church (5)
13 Pompous language (7)
15 Listeners (7)
17 Search thoroughly for (5)
21 Ready to eat (of fruit) (4)
22 Obtain through intimidation (6)
23 Cheek (slang) (3)
24 Excessive amount of something (8)
25 Grinding tool (6)

Down

1 Brandy (6)
2 Noon (6)
3 Attach (5)
4 Capital of Thailand (7)
5 Angelic (8)
6 Dwarfish creatures (6)
12 Spread throughout (8)
14 Liberty (7)
16 Fit for consumption (6)
18 Vent (6)
19 Small wave (6)
20 Parts (anag.) (5)

PUZZLE 90

Across

1 Not wanted (11)
9 Small shelter (3)
10 Allow in (5)
11 Operate a motor vehicle (5)
12 Fertile spot in a desert (5)
13 Strong inclination (8)
16 Senseless (8)
18 Country in Western Asia (5)
20 Area of land (5)
21 Draw or bring out (5)
22 Lubricate (3)
23 Unthinking (11)

Down

2 Memos (5)
3 Tests (5)
4 Resistant to something (6)
5 Decorative style of design (3,4)
6 Expressive (of music) (7)
7 Device for measuring time (11)
8 Incalculable (11)
14 Dig out of the ground (7)
15 Flat highland (7)
17 Have a bad posture (6)
18 A sense (5)
19 Public disturbances (5)

PUZZLE 91

Across

4 Exclusive circle of people (6)
7 Elation (8)
8 Sap (anag.) (3)
9 Edible fruit (4)
10 Moves to music (6)
11 Tries hard (7)
12 Round cap (5)
15 Lavish (5)
17 Framework used to support climbing plants (7)
20 Better off (6)
21 Chopped (4)
22 Place where one sees animals (3)
23 Pamphlets (8)
24 Arise from (6)

Down

1 Shining with light (6)
2 Bright red fruits (8)
3 Held a baby (7)
4 Shrewd (5)
5 Starlike object that often emits radio waves (6)
6 Regard as likely to happen (6)
13 Intestines of an animal (8)
14 Part of a golf course (7)
15 Valued highly (6)
16 Turmoil (6)
18 Large strong boxes (6)
19 During (5)

PUZZLE 92

Across

1. ___ Kournikova: former tennis star (4)
3. Popular flowering plant (8)
9. Correctional institutions (7)
10. Hackneyed (5)
11. Residue from a fire (3)
12. Style of Greek architecture (5)
13. Standpoint (5)
15. Number after seven (5)
17. Baking appliances (5)
18. Form of public transport (3)
19. Display freely (5)
20. Teach (7)
21. German shepherd dog (8)
22. Areas of ground for growing plants (4)

Down

1. The first and last (5,3,5)
2. Horse's cry (5)
4. Relaxing (6)
5. Able to use both hands well (12)
6. Blanked (7)
7. Spite (13)
8. Recovering from illness (of a person) (12)
14. Winged angelic beings (7)
16. Taxonomic groupings (6)
18. Sound loudly (5)

PUZZLE 93

Across

1 Bursts (4)
3 Teacher (8)
9 Philosophical theory (7)
10 Bring together (5)
11 Ugly (12)
14 Give a nickname to (3)
16 Lowest point (5)
17 Snow runner (3)
18 Heart specialist (12)
21 Having three dimensions (5)
22 This evening (7)
23 Kitchen sideboards (8)
24 Agitate (4)

Down

1 Convince (8)
2 Public square (5)
4 Make less bright (3)
5 Compensate for (12)
6 Robbers (7)
7 Light beams from the sun (4)
8 Easy targets (7,5)
12 The reproduction of sound (5)
13 Ruler who is unconstrained by law (8)
15 Woody plant (7)
19 Gold block (5)
20 Move fast in a straight line (4)
22 Hill (3)

PUZZLE 94

Across

4 One who manages finances at a college (6)
7 Fill (with data) (8)
8 Fall behind (3)
9 Spiritual teacher (4)
10 Yellow fruit (6)
11 Suggested a course of action (7)
12 Goodbye (Spanish) (5)
15 Felony (5)
17 Cure-alls (7)
20 States as one's opinion (6)
21 Wander (4)
22 Wetland (3)
23 Value greatly (8)
24 Woody-stemmed plants (6)

Down

1 Plump (6)
2 20th-century art movement (8)
3 Walks for pleasure (7)
4 Legumes (5)
5 Type of sausage (6)
6 Legal entitlements (6)
13 Form of glucose (8)
14 These aid sight (7)
15 Cunning (6)
16 Humorously sarcastic (6)
18 Return to a former condition (6)
19 Midges (5)

PUZZLE 95

Across

1 Destiny (4)
3 Removed goods from a van (8)
9 Remnant (7)
10 Weighty (5)
11 Minimum purchase cost at auction (7,5)
14 Intentionally so written (3)
16 Mark of repetition (5)
17 Half of four (3)
18 Decomposition by a current (12)
21 Small antelope (5)
22 Compels (7)
23 Scatter in drops (8)
24 Sues (anag.) (4)

Down

1 Support used when sitting (8)
2 Seasons (5)
4 e.g. almond or pecan (3)
5 Dreamy; odd and unfamiliar (5-7)
6 Excess of liabilities over assets (7)
7 24 hour periods (4)
8 Duplication (12)
12 Go inside (5)
13 Is composed of (8)
15 Coal miner (7)
19 Road information boards (5)
20 Troubles (4)
22 Nocturnal bird of prey (3)

PUZZLE 96

Across

1 Caribbean country (4)
3 Illnesses (8)
9 Human beings collectively (7)
10 Stable compartment (5)
11 Ruction (3)
12 Part of (5)
13 Possessor (5)
15 Titled (5)
17 Loop with a running knot (5)
18 Expected at a certain time (3)
19 Established custom (5)
20 Imprecise (7)
21 Representative example (8)
22 Pottery material (4)

Down

1 Friendship (13)
2 Game of chance (5)
4 e.g. from New Delhi (6)
5 Made in bulk (4-8)
6 Closest (7)
7 Obviously (4-9)
8 Unplugged (12)
14 Hit hard (7)
16 Creating (6)
18 Speak in a slow manner (5)

PUZZLE 97

Across

1	Wisdom (8)
5	Overly submissive (4)
9	Section of a long poem (5)
10	Do repeatedly (7)
11	Amiability (12)
13	Expression of praise (6)
14	Decrease in size (6)
17	Displeased (12)
20	Windpipe (7)
21	Given to disclosing secrets (5)
22	Too; in addition (4)
23	Person of varied learning (8)

Down

1	Unwell (4)
2	Not limited to one class (7)
3	Art of planning a dance (12)
4	Groups of three (6)
6	Fill with high spirits (5)
7	Memento (8)
8	Charmingly (12)
12	Feud (8)
15	Japanese flower arranging (7)
16	Emperor of Japan (6)
18	Moves in the wind (5)
19	Legendary story (4)

PUZZLE 98

Across

1 State of Australia (8)
5 Drive away (4)
9 Turf out (5)
10 Coarse beach gravel (7)
11 Exile; fugitive (7)
12 Ascends (5)
13 Occupant (6)
14 Large lizard (6)
17 Arrives (5)
19 From now on (7)
20 Recording (7)
21 Speed (5)
22 Period of 365 days (4)
23 Wristband (8)

Down

1 Conceptually (13)
2 Become more rigid (7)
3 Unfriendly (12)
4 Important topics for debate (6)
6 Opposite of lows (5)
7 Exaggeration (13)
8 Written in pictorial symbols (12)
15 Act of awakening from sleep (7)
16 Aircraft housing (6)
18 Hot fluid rock (5)

PUZZLE 99

Across

1 Soft or soggy mass (4)
3 Grow in a vigorous way (8)
9 Projectile fireworks (7)
10 Crawl (5)
11 Group of whales (3)
12 Daisy-like flower (5)
13 Of the moon (5)
15 Barely sufficient (5)
17 Cuts slightly (5)
18 Feline (3)
19 Exit (5)
20 Tuneful (7)
21 Strong dislike (8)
22 Raised area of skin (4)

Down

1 Miscellaneous equipment (13)
2 Easy to understand (5)
4 Diminish (6)
5 Unkind; unsympathetic (12)
6 Clumsily (7)
7 Excessively negative about (13)
8 Altruism (12)
14 Prescribe (7)
16 With hands on the hips (6)
18 Core group; basic unit (5)

PUZZLE 100

Across

1. Company (11)
9. This date (5)
10. Round bread roll (3)
11. Ice cream is often served in these (5)
12. Levy (5)
13. Thing that is easily done (8)
16. State capital of South Carolina (8)
18. Inner circle (5)
21. Horror film directed by Ridley Scott (5)
22. Bitumen (3)
23. Clean thoroughly; vegetation (5)
24. Item that measures temperature (11)

Down

2. Unity (7)
3. Random criticism (7)
4. Lower (6)
5. Secret rendezvous (5)
6. Fly around a planet (5)
7. Give in return (11)
8. Doubt (11)
14. Capable of being remedied (7)
15. Do away with a need (7)
17. Exaggerate (6)
19. Hard close-grained wood (5)
20. Intense light beam (5)

PUZZLE 101

Across

1 Clear or obvious (8)
5 Slanting; crooked (4)
8 Machine for making butter (5)
9 Plunder (7)
10 Lived (7)
12 Skilled worker (7)
14 Country whose capital is Kiev (7)
16 Gadgets (7)
18 Shaped like a ring (7)
19 Parasitic insect (5)
20 Christmas (4)
21 Marriage ceremony (8)

Down

1 Make fun of (4)
2 Type of confectionery (6)
3 Excellent (9)
4 Saturated with liquid (6)
6 Very difficult or complex (6)
7 Thoroughly cooked (of meat) (4-4)
11 Very confused situation (9)
12 Corrosive precipitation (4,4)
13 Street (6)
14 Takes the place of (6)
15 Becomes subject to (6)
17 Vale (4)

PUZZLE 102

Across

1 Final (4)
3 Made still (8)
9 Manufactured item (7)
10 Fortune-telling card (5)
11 Ineptness (12)
13 Encrypt (6)
15 Flashing light (6)
17 Tamed (12)
20 Heavily loaded (5)
21 Aerial (7)
22 Splashing with water (8)
23 Walked or stepped (4)

Down

1 Leaning at an angle (8)
2 Indifferent to emotions (5)
4 Book of the Bible (6)
5 Establish as genuine (12)
6 Country in northwestern Africa (7)
7 Facts and statistics collectively (4)
8 Brusque and surly (12)
12 Promontory (8)
14 Rich fish soup (7)
16 Reach (6)
18 Singing voice (5)
19 Woes (4)

PUZZLE 103

Across

1 Moved through water (4)
3 Multiplying by three (8)
9 Existing at the beginning (7)
10 Lover of Juliet (5)
11 Solid blow (5)
12 Drug that relieves pain (7)
13 Pertaining to a nerve (6)
15 Wildcat (6)
17 Visual symbolism (7)
18 Crouch down in fear (5)
20 Confound (5)
21 Changed (7)
22 Elementary negatively charged particle (8)
23 Tax (4)

Down

1 Perfect likeness or counterpart (8,5)
2 Word of farewell (5)
4 Refill (6)
5 Shrewdness (12)
6 Licentious (7)
7 Amiably (4-9)
8 Action of moving a thing from its position (12)
14 Ignorant of something (7)
16 Electric generator (6)
19 Inferior to (5)

PUZZLE 104

Across

1 Rucksack (8)
5 Fencing sword (4)
9 Saying (5)
10 Pompous person (7)
11 Young cats (7)
12 Cuban folk dance (5)
13 Hospital carers (6)
14 Long-haired variety of cat (6)
17 Opposite of best (5)
19 Painting medium (7)
20 Copy; mimic (7)
21 Utter repetitively (5)
22 Seek (anag.) (4)
23 Great adulation (8)

Down

1 Type of traditional photography (5-3-5)
2 Small mat (7)
3 Advantageous; superior (12)
4 Awkward in movement (6)
6 Sacred song or hymn (5)
7 Wastefully; lavishly (13)
8 Extremely large (12)
15 Perform in an exaggerated manner (7)
16 Be present at (6)
18 Lift up (5)

PUZZLE 105

Across

1 Automata (6)
7 Overcame (8)
8 Unhappy (3)
9 Mild or kind (6)
10 Moat (anag.) (4)
11 Toy bear (5)
13 Burnt (7)
15 e.g. daisies and roses (7)
17 Staple food (5)
21 Weapons (4)
22 Season (6)
23 Born (3)
24 Shackle (8)
25 Provided with money (6)

Down

1 Oppose (6)
2 Moved (6)
3 Strike (5)
4 Intrinsic nature (7)
5 Merchant (8)
6 Opposite of after (6)
12 Negative aspect (8)
14 Adult (5-2)
16 Immature insects (6)
18 Gained deservedly (6)
19 Guard against (6)
20 Breathe in audibly (5)

PUZZLE 106

Across

1 Hardens (4)
3 Embellish (8)
9 Last longer than (7)
10 Minute pore (5)
11 Shy (5)
12 Stopping briefly (7)
13 Large wine bottle (6)
15 Chat (6)
17 Digit (7)
18 Implied without being stated (5)
20 Divide in two (5)
21 Hot-tasting condiment (7)
22 Base of a statue (8)
23 Participate in a game (4)

Down

1 Fairness in following the rules (13)
2 Motet (anag.) (5)
4 Moon of the planet Jupiter (6)
5 Obfuscation (12)
6 Person devoted to love (7)
7 In an inflated manner (13)
8 Main premises of a company (12)
14 Placed a bet (7)
16 Former female pupil (6)
19 Move on hands and knees (5)

PUZZLE 107

Across

1. Scornful negativity (8)
5. Wander (4)
9. Certain to fail (2-3)
10. Garment worn by dancers (7)
11. Act of going back in (2-5)
12. Bird sound; chirp (5)
13. Item thrown by an athlete (6)
14. Someone who buys and sells (6)
17. Ancient measure of length (5)
19. Additions to a document (7)
20. Art of public speaking (7)
21. Stand up (5)
22. Wooden crosspiece attached to animals (4)
23. Undefeated (8)

Down

1. Mutually inconsistent (13)
2. Freshness (7)
3. Building (12)
4. Spreads out and apart (6)
6. Egg-shaped (5)
7. Large sea (13)
8. Person studying after a first degree (12)
15. Stinted (anag.) (7)
16. Deep gorge (6)
18. Having nothing written on (of paper) (5)

PUZZLE 108

Across

1 Reverse (4)
3 Worldwide outbreak (8)
9 Horizontal plant stem (7)
10 Female fox (5)
11 Bashful (3)
12 Natural elevation (5)
13 Borders (5)
15 Showing a willingness to achieve results (3-2)
17 Poetic verse (5)
18 Sticky substance (3)
19 Seawater (5)
20 Business providing flights (7)
21 Qualified for by right (8)
22 Extremely (4)

Down

1 Irretrievable (13)
2 Small white garden flower (5)
4 Getting older (6)
5 Designed to distract (12)
6 Jumbled (5-2)
7 Sweets (13)
8 Beginning (12)
14 Designer of trendy clothes (7)
16 Invalidate (6)
18 Assumed appearance (5)

PUZZLE 109

Across

1 Passive (8)
5 Corrosive substance (4)
9 Cook meat in the oven (5)
10 African country (7)
11 Weighs down (7)
12 Snow leopard (5)
13 Elaborately adorned (6)
14 Extraterrestrial rock (6)
17 Woodland god (5)
19 Stupid (7)
20 Attack continuously (7)
21 Place providing accommodation (5)
22 Morally wicked (4)
23 Hard work (8)

Down

1 Untrustworthy (13)
2 Give up (7)
3 Dictatorial (12)
4 Disappear (6)
6 Private room on a ship (5)
7 Completely (opposed) (13)
8 Made poor (12)
15 Ennoble (7)
16 Hamper (6)
18 Musical times (5)

PUZZLE 110

Across

4 Exceptionally large or successful (6)
7 Water based aircraft (8)
8 Young newt (3)
9 Destroy (4)
10 Shelter for a dog (6)
11 Having three sections (7)
12 Avoid (5)
15 Board game (5)
17 Squash (7)
20 Has objective reality (6)
21 Edible fat (4)
22 Possess (3)
23 Individual things (8)
24 Simpler (6)

Down

1 Attract powerfully (6)
2 Beginnings (8)
3 Ramblers (7)
4 Living thing (5)
5 Spanish rice dish (6)
6 Toy that is shaken (6)
13 Energy (8)
14 Small storage rooms or cupboards (7)
15 Coax into doing something (6)
16 Happenings (6)
18 One who has a salary (6)
19 Organic compound (5)

PUZZLE 111

Across

1 Pieces of writing (6)
7 Yielded (8)
8 Female deer (3)
9 Amend; change (6)
10 Mend with rows of stitches (4)
11 Gardeners sow these (5)
13 Relaxes (7)
15 Imaginary mischievous sprite (7)
17 Nimble (5)
21 Mark or blemish (4)
22 Terminate a telephone call (4,2)
23 Cereal plant (3)
24 Church rules (5,3)
25 Pleasantly (6)

Down

1 Senior tribal figures (6)
2 Deviate suddenly (6)
3 Caricature (5)
4 Moving to and fro (7)
5 Coagulating (8)
6 Approached (6)
12 Opposite of a promotion (8)
14 Gently (7)
16 Revoke a law (6)
18 Enforce compliance with (6)
19 Hearty (anag.) (6)
20 Apprehended with certainty (5)

PUZZLE 112

Across

1 Official language of Pakistan (4)
3 Ultimate (8)
9 Reroutes (7)
10 Departing (5)
11 Angered; irritated (5)
12 Furthest away (7)
13 Three times (6)
15 Graduates of a college (6)
17 Goddess of retribution (7)
18 Strong ringing sound (5)
20 State of the USA (5)
21 Voter (7)
22 Estimating (8)
23 Parched (4)

Down

1 Comprehension (13)
2 Lived (anag.) (5)
4 Sight (6)
5 Garments worn in bed (12)
6 Identifying outfit (7)
7 Prone to steal (5-8)
8 Ancestors (12)
14 Search through (7)
16 Toward the rear of a ship (6)
19 Change (5)

PUZZLE 113

Across

1 Foolish (4)
3 Violin players (8)
9 Warning (7)
10 Escapade (5)
11 Loving (12)
14 Deer (3)
16 Join together (5)
17 Pay (anag.) (3)
18 Despicable (12)
21 Capital of Egypt (5)
22 Curdle (7)
23 Database of information (8)
24 Among (4)

Down

1 Announces formally (8)
2 Light downy particles (5)
4 Particle that is electrically charged (3)
5 Medicine taken when blocked-up (12)
6 Understanding of another (7)
7 Forefather (4)
8 Ill-mannered (12)
12 Form of expression (5)
13 Challenged a legal decision (8)
15 Done in full awareness (7)
19 Greenish-bronze fish (5)
20 Mark left from a wound (4)
22 Snappy dog (3)

PUZZLE 114

Across

1 Thin layer of sedimentary rock (6)
7 Act of conferring a gift (8)
8 Came first in a race (3)
9 Leg bone (6)
10 Roll of photographic film (4)
11 Cash registers (5)
13 Lifting with difficulty (7)
15 Room used for preparing food (7)
17 Sleeveless cloaks (5)
21 Ran away (4)
22 Style of architecture (6)
23 Young goat (3)
24 Stole; grabbed suddenly (8)
25 Day of rest (6)

Down

1 Opposite of highest (6)
2 Resolute or brave (6)
3 Concerning (5)
4 Fugitive (7)
5 Capital of Liberia (8)
6 Collapse (4,2)
12 Clarity (8)
14 Very long (7)
16 Doing nothing (6)
18 Chose (6)
19 Of inferior quality (6)
20 Dusts (anag.) (5)

PUZZLE 115

Across

4 Sayings (6)
7 Small streams (8)
8 Droop (3)
9 Capital of the Ukraine (4)
10 Ignores completely (6)
11 Floating (7)
12 Fat-like compound (5)
15 Violent atmospheric disturbance (5)
17 Depict in a particular way (7)
20 Call on (6)
21 Repeated jazz phrase (4)
22 The sound of a dove (3)
23 Bedrooms (8)
24 Walk nonchalantly (6)

Down

1 One's environment (6)
2 Supplier (8)
3 Strong woven fabric (7)
4 The testing of a metal (5)
5 Informal chatter (6)
6 Exhaled audibly (6)
13 Inner (8)
14 Precede (7)
15 Adheres to; fastens (6)
16 Pungent edible bulbs (6)
18 Have sufficient money to pay for (6)
19 Pastime (5)

PUZZLE 116

Across

1 Free from control (11)
9 A knight (3)
10 Soar; rush (5)
11 Discourage (5)
12 Removes the lid (5)
13 Relating to a mother (8)
16 Tank for keeping fish (8)
18 The entire scale (5)
20 Relative by marriage (2-3)
21 Turn inside out (5)
22 Court (3)
23 Very tall buildings (11)

Down

2 Boldness; courage (5)
3 Gets less difficult (5)
4 Archimedes' famous cry (6)
5 Cleared the bottom of a river (7)
6 Tidies (7)
7 Affiliation (11)
8 Negligence (11)
14 One's mental attitude (7)
15 Skill (7)
17 Raise up (6)
18 Rise to one's feet (3,2)
19 Garden tool for cutting grass (5)

PUZZLE 117

Across

1 Ales (anag.) (4)
3 Branch of mathematics (8)
9 Midday meals (7)
10 Piece of code to automate a task (5)
11 Four-wheeled road vehicle (3)
12 Show triumphant joy (5)
13 Be alive; be real (5)
15 Become active (of a volcano) (5)
17 Latin American dance (5)
18 Used to be (3)
19 Not concealed (5)
20 Spanish beverage (7)
21 Paying out money to buy goods (8)
22 Lyric poems (4)

Down

1 Embarrassed (4-9)
2 Passenger ship (5)
4 Birthplace of St Francis (6)
5 Contests (12)
6 Discourse (7)
7 Meteors (8,5)
8 Showing complete commitment (12)
14 Gather (7)
16 Agreement or concord (6)
18 Planet (5)

PUZZLE 118

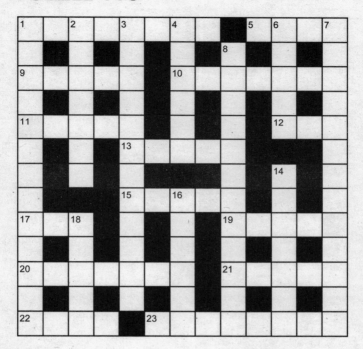

Across

1 Very annoying (8)
5 Freezes over (4)
9 Sweet-scented shrub (5)
10 Point of view (7)
11 Rascal (5)
12 Small spot (3)
13 Made a mistake (5)
15 Coral reef (5)
17 Metal container; element (3)
19 Once more (5)
20 End result (7)
21 Group of shots (5)
22 Soft drink (US) (4)
23 Fabric strips for covering wounds (8)

Down

1 Pictures accompanying text (13)
2 Decorated with leaves (7)
3 Convalescence (12)
4 Worshipper (6)
6 Wept (5)
7 Holier-than-thou (13)
8 Binoculars (5,7)
14 Written language for blind people (7)
16 Trying experience (6)
18 Observed (5)

PUZZLE 119

Across

1 Cries (4)
3 Sudden eruption (8)
9 Let in to a place again (7)
10 Amends (5)
11 Precondition (12)
13 Provoke (6)
15 Evaluate (6)
17 Not capable of reply (12)
20 Birds do this to clean their feathers (5)
21 Causing difficulty (7)
22 Talk with (8)
23 Curve in a road (4)

Down

1 Angels of the highest order (8)
2 Slow down (5)
4 False (6)
5 Swimming technique (12)
6 Letter (7)
7 Lock lips (4)
8 Impudence (12)
12 Climbed (8)
14 Worry (7)
16 Promises solemnly (6)
18 Courageous (5)
19 Long narrative poem (4)

PUZZLE 120

Across

1 Highly productive (8)
5 Sharp nail as on a cat (4)
9 Any finger or toe (5)
10 Release air from something (7)
11 Formal notice (12)
13 Commotion (6)
14 Elegant and slender (6)
17 Hillside (12)
20 Sets out on a journey (7)
21 Military opponent (5)
22 Currency of France and Germany (4)
23 Discard (8)

Down

1 Fleshes out unnecessarily (4)
2 Derived from living matter (7)
3 Preliminary (12)
4 Chemical element with symbol I (6)
6 Rental agreement (5)
7 Fighter in close combat (8)
8 Bubbling (12)
12 First public performance (8)
15 Account books (7)
16 Fine cloth (6)
18 Brown earth pigment (5)
19 Church song (4)

PUZZLE 121

Across

1 In poor condition (3-5)
5 Small flake of soot (4)
8 A central point (5)
9 Object used in the kitchen (7)
10 Thin paper products used for wiping (7)
12 Ways of doing things (7)
14 Register at a hotel (5,2)
16 Farm vehicle (7)
18 Time between events (7)
19 Moisten meat (5)
20 Female child (4)
21 Aromatic shrub (8)

Down

1 Eat at a restaurant (4)
2 Donating (6)
3 Piece of land for cultivation (9)
4 Rejoices (6)
6 Botch (4-2)
7 Charm (8)
11 Able to be overcome (9)
12 Stealing (cattle) (8)
13 Speak hesitantly (6)
14 Black Sea peninsula (6)
15 Locked lips with someone (6)
17 Dam (4)

PUZZLE 122

Across

4 Most secure (6)
7 Lacking knowledge (8)
8 Part of a coat (3)
9 Repetition to aid memory (4)
10 Series of prayers (6)
11 Delightful (7)
12 Sediment (5)
15 Melts (5)
17 Odd (7)
20 Loan shark (6)
21 Smack with the hand (4)
22 Athletic facility (3)
23 Cogency; soundness (8)
24 Beast of burden (6)

Down

1 Ancient or well established (3-3)
2 Cabbage salad (8)
3 Sheikdom in the Persian Gulf (7)
4 Secret store of something (5)
5 Biochemical catalyst (6)
6 Slender candles (6)
13 Strip of land by a highway (8)
14 Severely (7)
15 Swollen; congested (6)
16 Keen insight (6)
18 Mythical huge monsters (6)
19 Meat juices (5)

PUZZLE 123

Across

1 Needs (8)
5 Cat cry (4)
8 Connected series of rooms (5)
9 Tough animal tissue (7)
10 Quibble (7)
12 Giving food to (7)
14 Open air controlled blaze (7)
16 Relating to a star (7)
18 Communal settlement in Israel (7)
19 Severe (5)
20 Negative votes (4)
21 Formal curse by a pope (8)

Down

1 Hasty or reckless (4)
2 Fruit (6)
3 Alike in every way (9)
4 Border (6)
6 Have as a consequence (6)
7 Remains of something damaged (8)
11 Cutting; incisive (9)
12 Abandoned (8)
13 Frail (6)
14 Shamelessly bold (6)
15 Steep in liquid (6)
17 Bate (anag.) (4)

PUZZLE 124

Across

4 What a spider spins (6)
7 Intelligentsia (8)
8 Mixture of gases we breathe (3)
9 Brave person; idol (4)
10 Moves slowly and aimlessly (6)
11 Allots (7)
12 Softly radiant (5)
15 Holding or grasping device (5)
17 Groups of actors (7)
20 Trees with lobed leaves (6)
21 Rescue (4)
22 Affirmative vote (3)
23 Hamper (8)
24 Fashioned (6)

Down

1 Driers (anag.) (6)
2 Suitable; appropriate (8)
3 Touching down (7)
4 Polite and courteous (5)
5 Small carnivorous mammal (6)
6 Get temporarily (6)
13 Grisly (8)
14 Divide into three parts (7)
15 Walks (6)
16 That is to say (6)
18 Desired for oneself (6)
19 Worked steadily at (5)

PUZZLE 125

Across

1 Confuse (8)
5 Slightly open (4)
9 Looks after temporarily (5)
10 Restrict (7)
11 Children's toy (12)
14 Having a high temperature (3)
15 Sudden constriction (5)
16 Cereal grass (3)
17 Fellowship (12)
20 Secretion of an endocrine gland (7)
22 U-shaped curve in a river (5)
23 Long pointed tooth (4)
24 Least quiet (8)

Down

1 Collide with (4)
2 Sweet icing (7)
3 Exemption from a rule (12)
4 Ignited (3)
6 Very large (5)
7 Assuages (8)
8 Penny-pinching (12)
12 Hang with cloth (5)
13 Gossip (4-4)
16 Laughable (7)
18 Pierces with a horn (5)
19 Crush with a sharp blow (4)
21 Sense of self-esteem (3)

PUZZLE 126

Across

1 Speed contest (4)
3 Importance; stress (8)
9 One-eyed giant (7)
10 Decrease; lessen (5)
11 Very exciting (12)
14 Excessively (3)
16 Female relation (5)
17 Fishing pole (3)
18 Clearly evident (12)
21 Studies a subject at university (5)
22 Expect; suppose to be true (7)
23 Fretting (8)
24 Chances of winning (4)

Down

1 Reproduce (8)
2 A hidden storage space (5)
4 Title of a married woman (3)
5 Feeling depressed (5-7)
6 Data input device (7)
7 Plant stalk (4)
8 Endlessly (12)
12 Individual things (5)
13 Laziness (8)
15 Alfresco (4-3)
19 Run with leaping strides (5)
20 Make beer or ale (4)
22 Joke (3)

PUZZLE 127

Across

1 Aggressor (8)
5 Point-winning serves (tennis) (4)
9 Connection; link (3-2)
10 Pear-shaped fruit native to Mexico (7)
11 Hermit (7)
12 Send money (5)
13 Strongly opposed (6)
14 Come into view (6)
17 Country in southern Asia (5)
19 Root vegetable (7)
20 Involve in conflict (7)
21 Layabout (5)
22 Spun thread used for knitting (4)
23 Remote; cut off (8)

Down

1 As another option (13)
2 Molasses (7)
3 Spanish adventurer (12)
4 Eluded (6)
6 Assertion (5)
7 Easily angered (5-8)
8 Military judicial body (5,7)
15 Lock of curly hair (7)
16 Popular round fruits (6)
18 Suspend; prevent (5)

PUZZLE 128

Across

1 Disguised (6)
7 Improved equipment (8)
8 Fasten with stitches (3)
9 Not present (6)
10 Chemical salt (4)
11 Salad plant (5)
13 Language spoken in Rome (7)
15 Observes (7)
17 Outer garment (5)
21 Boyfriend or male admirer (4)
22 Sudden (6)
23 Remove branches (3)
24 Outpouring (8)
25 Storage compartment (6)

Down

1 Picture produced from many small pieces (6)
2 Waste matter (6)
3 Fists (5)
4 Disturb (7)
5 Similarity (8)
6 Source of caviar (6)
12 Impetus (8)
14 Pertaining to the liver (7)
16 Unique (3-3)
18 Make illegal (6)
19 Guardian (6)
20 Expansive (5)

PUZZLE 129

Across

1 Spheres (4)
3 Pertaining to the body (8)
9 Best (7)
10 Boxing contests (5)
11 Sensory system used by dolphins (12)
14 Long period of time (3)
16 Many times (5)
17 Scarf of feathers or fur (3)
18 Feeling let down (12)
21 Spore-producing organisms (5)
22 Smacking (7)
23 Impoliteness (8)
24 Scheme (4)

Down

1 Mileage tracker (8)
2 Bungle (5)
4 Bustle (3)
5 Strengthen; confirm (12)
6 Unit of electric charge (7)
7 Unsure where one is (4)
8 Improvement in a condition (12)
12 Destroy (3,2)
13 Knitted jacket (8)
15 Leading (anag.) (7)
19 Try out (5)
20 At a distance (4)
22 Possesses (3)

PUZZLE 130

Across

1 Production (11)
9 By way of (3)
10 Mother-of-pearl (5)
11 Flaring stars (5)
12 Tall plants of the grass family (5)
13 A canine (3,5)
16 Nuisance; unpleasant problem (8)
18 Dish of raw vegetables (5)
20 Receded (5)
21 Pertaining to the ear (5)
22 Metal container; is able to (3)
23 Final (11)

Down

2 Rub out (5)
3 Discovers (5)
4 Fully (6)
5 Useful feature of a place (7)
6 V-shaped line or stripe (7)
7 Do better than expected (11)
8 Watching over one's flock (11)
14 Singer; type of bird (7)
15 Official instruction (7)
17 Coiffure (6)
18 Latin American dance (5)
19 In the area (5)

PUZZLE 131

Across

1 Remedial (8)
5 Delighted (4)
8 Tool for marking angles (5)
9 Side of a coin bearing the head (7)
10 Brought forth (7)
12 Spruce up (7)
14 Herb related to parsley (7)
16 This starts on 1st January (3,4)
18 Kettledrums (7)
19 Humiliate (5)
20 Apex or peak (4)
21 Irresponsible (8)

Down

1 Raise to the third power (4)
2 Deep gorge (6)
3 Call (9)
4 Stringed instrument (6)
6 Song words (6)
7 Terrible (8)
11 Leave a ship (9)
12 Frenzied (8)
13 Waterlogged areas of ground (6)
14 Sea journey undertaken for pleasure (6)
15 Countenance (6)
17 Belonging to a woman (4)

PUZZLE 132

Across

1 Conventional (11)
9 Hurried (3)
10 Personal attendant (5)
11 Enthusiasm (5)
12 Relay (anag.) (5)
13 Conceited (8)
16 Brought into a country (8)
18 Become ready to eat (of fruit) (5)
20 Humming (5)
21 Bits of meat of low value (5)
22 Frozen water (3)
23 Founded (11)

Down

2 Tall and slim (5)
3 Person who goes underwater (5)
4 Bar that turns a rudder (6)
5 Get too big for something (7)
6 At the ocean floor (7)
7 Introductory (11)
8 Leader in a race (5,6)
14 Husbands or wives (7)
15 State of the USA (7)
17 Loud blast of sound (6)
18 Small streams (5)
19 Self-respect (5)

PUZZLE 133

Across

1 Touches gently (4)
3 Rural (8)
9 Ability to speak another language very well (7)
10 Undergarments (5)
11 Invigoratingly (12)
13 Breaks apart forcibly (6)
15 Type of engine (6)
17 Teach to accept a belief uncritically (12)
20 Staggers (5)
21 Escaping (7)
22 Irritating (8)
23 Large family (4)

Down

1 Clear of trees (8)
2 Feign (5)
4 Sculptured symbols (6)
5 Coming from outside (12)
6 Disparaging remarks (7)
7 Home for a bird (4)
8 Contagiously (12)
12 Substance causing a reaction (8)
14 Portable lamp (7)
16 Scattered about untidily (6)
18 A satellite of Uranus (5)
19 Extent of a surface (4)

PUZZLE 134

Across

1 e.g. Steven Spielberg (8)
5 Highest point (4)
9 Danes (anag.) (5)
10 Saying (7)
11 Recycle (5)
12 Measure of length (3)
13 Perhaps (5)
15 Head monk (5)
17 Helpful hint (3)
19 Rocky; harsh (5)
20 Young ox (7)
21 Follow the position of (5)
22 At any time (4)
23 Slope (8)

Down

1 Disreputable (13)
2 Enclosed fortification (7)
3 Strong censure (12)
4 Fish-eating bird of prey (6)
6 Thin pancake (5)
7 Ornamentation (13)
8 Intense (12)
14 Medieval military expedition (7)
16 Sand trap in golf (6)
18 Lentil or chickpea (5)

PUZZLE 135

Across

1 Suppressing (8)
5 Absorbent pad (4)
8 Totally erases (5)
9 Bison (7)
10 Popular or colloquial (7)
12 Scare rigid (7)
14 Foreboding (7)
16 Armed helicopter (7)
18 Traditional piano keys (7)
19 Seasoning (5)
20 Departs (4)
21 Of many different kinds (8)

Down

1 Sprinkled with seed (4)
2 Effect; force (6)
3 Denoting a final attempt (4-5)
4 No one (6)
6 Affluence (6)
7 Air passage of the lungs (8)
11 Public declaration of policy (9)
12 Filling in a hole (8)
13 A person in general (6)
14 Musical works (6)
15 Supernatural (6)
17 Main acting part (4)

PUZZLE 136

Across

1. Starved (8)
5. Repetition of a sound (4)
9. Valuable thing (5)
10. Pals (7)
11. Excessively forward (12)
14. Climbing shrub (3)
15. Passageway (5)
16. Enemy (3)
17. Not discernible (12)
20. Total amount of wages paid to employees (7)
22. Plant spike (5)
23. Depression in a surface (4)
24. Overabundances (8)

Down

1. Flutter (4)
2. Stingy (7)
3. Contentment (12)
4. Mischievous sprite (3)
6. Major African river (5)
7. Thinks about something continually (8)
8. Chatter (6-6)
12. Agreeable sound or tune (5)
13. Type of tooth (8)
16. Chaps (7)
18. Most respected person in a field (5)
19. Tiny social insects (4)
21. Negligent (3)

PUZZLE 137

Across

1 Helps (4)
3 Difficulties (8)
9 Smooth and soft (7)
10 Cry of excitement (5)
11 Mud channel (3)
12 Floor of a building (5)
13 Finished (5)
15 Tree of the birch family with toothed leaves (5)
17 Pick out; choose (5)
18 Disallow (3)
19 Keen (5)
20 Country in North Africa (7)
21 Wearisome (8)
22 Solely (4)

Down

1 Paid announcement (13)
2 Glazed earthenware (5)
4 Had corresponding sounds (6)
5 Total confusion (12)
6 Changed gradually over time (7)
7 Additional (13)
8 Erase trumpet (anag.) (12)
14 Vessel that cleans rivers (7)
16 Single-celled alga (6)
18 Subatomic particle (5)

PUZZLE 138

Across

1 Joke-telling entertainer (8)
5 Engrave with acid (4)
9 Young sheep (5)
10 Reserved and shy (7)
11 Informally (12)
13 Worshipped (6)
14 Figure of speech (6)
17 Cheated someone financially (5-7)
20 Reduced in scope or length (3-4)
21 Coming after (5)
22 Thick mist (4)
23 Listen to again (4,4)

Down

1 Soothe (4)
2 Keepsake; reminder (7)
3 State of dissatisfaction (12)
4 Excuses of any kind (6)
6 Fishing net (5)
7 Social insect (8)
8 And also (12)
12 Pepper plant (8)
15 Reluctance to change (7)
16 Nasal (6)
18 Semiaquatic mammal (5)
19 Arduous journey (4)

PUZZLE 139

Across

1 Astonishing (11)
9 Do really well at (5)
10 19th Greek letter (3)
11 Barks (5)
12 Remains of a fire (5)
13 Study of the nature of God (8)
16 Forbearing (8)
18 Alleviate (5)
21 A payment made (5)
22 Very small child (3)
23 Individual things (5)
24 Overstated (11)

Down

2 Tenth month (7)
3 Newly (7)
4 Free of an obstruction (6)
5 Triangular river mouth (5)
6 Indentation (5)
7 Sensible and practical (4,2,5)
8 Replaced with another (11)
14 Salt lake in the Jordan valley (4,3)
15 Mandible (7)
17 Constrain or compel (6)
19 Milky fluid found in some plants (5)
20 Opposite of old (5)

PUZZLE 140

Across

1 Walk round a place (11)
9 Sound of a cow (3)
10 Follows orders (5)
11 Listens to (5)
12 Vegetables (5)
13 Grateful (8)
16 Took in (food) (8)
18 Killer whales (5)
20 Bore into (5)
21 Representative (5)
22 Flee (3)
23 Testimony (11)

Down

2 Call forth or cause (5)
3 Basic units of an element (5)
4 Inhalation or exhalation
  of air (6)
5 Whipping (7)
6 Become airborne (4,3)
7 Petty (5-6)
8 Annoying (11)
14 Least attractive (7)
15 Set apart (7)
17 First-born (6)
18 Group of eight (5)
19 Freight (5)

PUZZLE 141

Across

1 Fit of shivering (4)
3 Impending (8)
9 Chilled desserts (7)
10 Small woodland (5)
11 Bite sharply (3)
12 Birds lay their eggs in these (5)
13 Titles (5)
15 Attendant upon God (5)
17 Automaton (5)
18 Damp (3)
19 Capital of Japan (5)
20 West Indian musical style (7)
21 Sorriest (anag.) (8)
22 Release (4)

Down

1 Person performing official duties (13)
2 Take illegally (5)
4 Building exhibiting objects (6)
5 Heartbroken (12)
6 Uncovers; reveals (7)
7 Hidden store of valuables (8,5)
8 Intended to attract notice (12)
14 Tells off (7)
16 South American cowboy (6)
18 Device that clears a car windscreen (5)

PUZZLE 142

Across

1 Primitive plant (4)
3 Government by a king or queen (8)
9 Type of handicraft (7)
10 Colossus (5)
11 Unhappy (12)
14 Louse egg (3)
16 Creative thoughts (5)
17 Large body of water (3)
18 Graphical (12)
21 Storage place (5)
22 Render utterly perplexed (7)
23 Abiding; lasting (8)
24 Pass (anag.) (4)

Down

1 Mishap (8)
2 Gets larger (5)
4 Away from home (3)
5 Amazement (12)
6 Boats (7)
7 Pull abruptly (4)
8 Small meteor (8,4)
12 Eighth Greek letter (5)
13 Political meetings (8)
15 Stumbled (7)
19 Informs (5)
20 Stagnant; lazy (4)
22 Religious sister (3)

PUZZLE 143

Across

1 Dividing line (11)
9 Open disrespect (5)
10 Take or steal something (3)
11 Red cosmetic powder (5)
12 Military trainee (5)
13 Policemen or women (8)
16 Type of state (8)
18 Smoothed one's nails (5)
21 Small group ruling a country (5)
22 Tree (3)
23 The prevailing fashion (5)
24 Type of artist (11)

Down

2 Envelops (7)
3 Lack of (7)
4 Nearer (6)
5 Invigorating medicine (5)
6 Possessed (5)
7 Embodies (11)
8 Style of painting (8,3)
14 Topic (7)
15 Cunning (7)
17 Mystery; riddle (6)
19 West Indian dance (5)
20 Clod of turf (5)

PUZZLE 144

Across

1 Highest adult male singing voice (4)
3 Remaining leftovers (8)
9 Form of an element (7)
10 Foreign language (informal) (5)
11 Accomplishments (12)
14 Carry a heavy object (3)
16 Arm joint (5)
17 Drivel; nonsense (3)
18 Resistant to change (12)
21 Supple (5)
22 Penetrated (7)
23 Rump (8)
24 Wild cat (4)

Down

1 Friendly (8)
2 Enamel-coated structure (5)
4 Deep anger (3)
5 Orcas (6,6)
6 Without interruption (3-4)
7 Display (4)
8 Vagrancy (12)
12 Remnant of a dying fire (5)
13 Supplemental part of a book (8)
15 Costing (anag.) (7)
19 Needing to be scratched (5)
20 Body fat (4)
22 Collection of paper (3)

PUZZLE 145

Across

1 Makes a surprise attack on (8)
5 Device for inflating tyres (4)
9 Measuring stick (5)
10 Less clean (7)
11 Ate too much (12)
13 Strangest (6)
14 Quash; tame (6)
17 Beneficial (12)
20 Share information (7)
21 Freshwater food fish (5)
22 Fishing sticks (4)
23 Knowing many languages (8)

Down

1 Surrounding glow (4)
2 Dearly cherished (7)
3 Shockingly (12)
4 Finishing (6)
6 Employing (5)
7 Imitations; satires (8)
8 Deceitfully (12)
12 Bowl-shaped strainer (8)
15 Active during the day (7)
16 Small summer-house (6)
18 Brilliant and clear (5)
19 Stimulate the appetite (4)

PUZZLE 146

Across

1 Against the current (8)
5 A group of three people (4)
8 Standards (5)
9 Low protective wall (7)
10 Let out (7)
12 Exceptional; not usual (7)
14 Day of rest (7)
16 Marked by prosperity (of a past time) (7)
18 Film starring Jim Carrey (3,4)
19 Similar (5)
20 US actress and singer (4)
21 Increase (8)

Down

1 Bone of the forearm (4)
2 Severe; stern (6)
3 Fruit (9)
4 Seek ambitiously (6)
6 Happen again (6)
7 Each tour (anag.) (8)
11 Capital of Slovenia (9)
12 Definite and clear (8)
13 Form of a gene (6)
14 Reptiles (6)
15 Continent (6)
17 Give up one's rights (4)

PUZZLE 147

Across

4 Christmas decoration (6)
7 Domains (8)
8 Additionally (3)
9 Flightless bird (4)
10 Sacking (6)
11 Contrary to (7)
12 Alcoholic drink made from apples (5)
15 Precious stone (5)
17 Large farms (7)
20 Evoke (6)
21 Projecting edge (4)
22 Wild ox (3)
23 Float in the air (8)
24 Inclined one's head to show approval (6)

Down

1 Conveying by gestures (6)
2 Natural liking for (8)
3 Small shark (7)
4 Russian sovereigns (5)
5 Put on a production (6)
6 Climbing tool (6)
13 Sit on eggs (of a bird) (8)
14 Prisoner (7)
15 Subatomic particle such as a nucleon (6)
16 Had a strong smell (6)
18 Proclamations (6)
19 Tell off (5)

PUZZLE 148

Across

1. Mentally sharp; astute (5-6)
9. North American nation (abbrev.) (3)
10. Directly opposite in character (5)
11. Form of oxygen (5)
12. Domesticated (5)
13. Warships (8)
16. Relating to weather (8)
18. Lag behind (5)
20. Extremely happy period (5)
21. Maladroit (5)
22. Statute (3)
23. Celebrity (11)

Down

2. Deprive of weapons (5)
3. Managed to deal with something (5)
4. Pedestrian (6)
5. From beginning to end (7)
6. Exertions (7)
7. Process of taking away (11)
8. Coarse cotton gauze (11)
14. Two-wheeled vehicle (7)
15. Exchanges of several strokes in tennis (7)
17. Confine as a prisoner (6)
18. Absolute (5)
19. Change; modify (5)

PUZZLE 149

Across

1 Domestic cattle (4)
3 Imitate (8)
9 Incomplete (7)
10 Moneys owed (5)
11 Major type of food nutrient (12)
13 Showing gentleness (6)
15 Rare (6)
17 Device for putting out fires (12)
20 Radon (anag.) (5)
21 Surround entirely (7)
22 Distribute (8)
23 Attic (4)

Down

1 Maximum number a stadium can hold (8)
2 Electrician (5)
4 Fillings (6)
5 Perform below expectation (12)
6 One who settles a dispute (7)
7 Simplicity (4)
8 Insubordination (12)
12 Dilapidated (8)
14 Harmful (7)
16 Concurs (6)
18 Greeting (5)
19 Attack at speed (4)

PUZZLE 150

Across

1 Arrive (4)
3 Handheld firework (8)
9 Type of cell division (7)
10 Collection of songs (5)
11 Send someone to a medical specialist (5)
12 Tallest species of penguin (7)
13 Owning (6)
15 Roof of the mouth (6)
17 Fail to care for (7)
18 Higher than (5)
20 Visual representation (5)
21 Retreats (7)
22 Symbols representing musical notes (8)
23 Salver (4)

Down

1 Understanding (13)
2 Distinctive design (5)
4 Opposite of pulled (6)
5 Re-emergence (12)
6 Country in West Africa (7)
7 Pitilessly (13)
8 Separation; alienation (12)
14 Wanderer (7)
16 Dual audio (6)
19 Command (5)

PUZZLE 151

Across

4 Eccentricity (6)
7 Hot pepper (8)
8 Was in first place (3)
9 Find pleasant (4)
10 Liquid container (6)
11 Not native (7)
12 Home (5)
15 Discuss an idea casually (5)
17 Flustered (7)
20 Mythical male sea creatures (6)
21 Religious act (4)
22 Mock (3)
23 Vigorous exercises (8)
24 Hotter (6)

Down

1 Coarse cloth (6)
2 Note (4,4)
3 Green vegetation (7)
4 Pays for (eg the bill) (5)
5 Lively Spanish dance (6)
6 Undergo a hardship (6)
13 Garment worn after a shower (8)
14 Large signs (7)
15 Small carrying cart (6)
16 Quantity (6)
18 Tempt (6)
19 Besmirch (5)

PUZZLE 152

Across

1 Sixty minutes (4)
3 Walked about (8)
9 Go back over again (7)
10 Enclosed (of animals) (5)
11 Impossible to achieve (12)
14 Mythical monster (3)
16 Type of lizard (5)
17 Tool for making holes in leather (3)
18 Awkward (12)
21 Embarrass (5)
22 Withdraw from a commitment (4,3)
23 Carve words on something (8)
24 Catch sight of (4)

Down

1 Immediately after this (8)
2 Extreme (5)
4 High value playing card (3)
5 Absolute authority in any sphere (12)
6 Finery (7)
7 Extinct bird (4)
8 Mapmaker (12)
12 Become subject to (5)
13 To some degree (8)
15 Navigational instrument (7)
19 Effigies (5)
20 South Asian garment (4)
22 Hairstyle (3)

PUZZLE 153

Across

1 People who throw and catch objects (8)
5 Freshwater game fish (4)
8 Type of bandage (5)
9 More than two (7)
10 Loudly (7)
12 Hot water spouts (7)
14 Cigarette constituent (7)
16 Parched (7)
18 Raging fire (7)
19 Positively charged electrode (5)
20 Narrow valley (4)
21 Opposites (8)

Down

1 Fair (4)
2 Culpable (6)
3 Tough connective bodily tissues (9)
4 Rinses (anag.) (6)
6 Within this context (6)
7 Extravagant fuss (8)
11 Intoxicate (9)
12 Clenching (one's teeth) (8)
13 Shuffle playing cards (6)
14 Wealthy person in business (6)
15 Written rules for church policy (6)
17 Limbs used for walking (4)

PUZZLE 154

Across

1 Not difficult (4)
3 Machine used to surf the internet (8)
9 Devise beforehand (7)
10 Widespread dislike (5)
11 Music with a recurrent theme (5)
12 One absorbed in themselves (7)
13 Each of two parts into which a thing is divided (6)
15 Sloping (of a typeface) (6)
17 Innocently (7)
18 Church instrument (5)
20 Balearic party island (5)
21 Weighing more (7)
22 Betting (8)
23 Head covering (4)

Down

1 Carrying out trials (13)
2 Harsh and serious in manner (5)
4 16 of these in a pound (6)
5 Commensurate (12)
6 Insignificant (7)
7 Device for changing TV channel (6,7)
8 Unseen observer (3,2,3,4)
14 Metal similar to platinum (7)
16 Large snake (6)
19 Craftiness (5)

PUZZLE 155

Across

1 Deliberately cruel (4-7)
9 Unit of time (abbrev.) (3)
10 Steer (anag.) (5)
11 Hank of wool (5)
12 Peers (5)
13 Rained gently (8)
16 Endorsed (8)
18 Surprising development in a story (5)
20 European country (5)
21 Thorax (5)
22 Before the present (3)
23 Irritable (3-8)

Down

2 Academy Award (5)
3 Indoor game (5)
4 Inferior (6)
5 Exceptionally large (7)
6 Old (7)
7 Pretentious display (11)
8 Utterance of a blessing (11)
14 Clothing (7)
15 Imitator (7)
17 Greatly respect (6)
18 Name of a book (5)
19 Angry (5)

PUZZLE 156

Across

1 Open a wine bottle (6)
7 11th month of the year (8)
8 Sum charged (3)
9 Holds and uses a tool (6)
10 Greases (4)
11 Scoop (5)
13 Extreme eagerness (7)
15 Walk with difficulty (7)
17 Foot joint (5)
21 Expel; drive out (4)
22 Make less tight (6)
23 Pop music performance (3)
24 Expression of gratitude (5,3)
25 Bean (6)

Down

1 Unfold (6)
2 Masticated (6)
3 Small hill (5)
4 Elusive (7)
5 Give courage (8)
6 Fanatic (6)
12 Gets brighter (8)
14 Brings to effective action (7)
16 Educated (6)
18 Martial art (4,2)
19 Regime (anag.) (6)
20 Tycoon (5)

PUZZLE 157

Across

1 Pulls a vehicle (4)
3 Not genuine (8)
9 Freezing (3-4)
10 Scale representation (5)
11 Put down (3)
12 Angry dispute (3-2)
13 Green citrus fruits (5)
15 Neck warmer (5)
17 Leaves (5)
18 Great distress (3)
19 Scoundrel (5)
20 Quick musical tempo (7)
21 Held out against (8)
22 Female undergarments (4)

Down

1 Problem-solving method (5,3,5)
2 Tearful (5)
4 Lectern (6)
5 Regretfully (12)
6 A number defining position (7)
7 Magnificent (13)
8 Despair (12)
14 Structures that span rivers (7)
16 Region of France (6)
18 Gamble (5)

PUZZLE 158

Across

1 Throb; dull pain (4)
3 Increase rapidly (8)
9 Terms of office (7)
10 Person who flies an aircraft (5)
11 Edible pungent bulb (5)
12 Word opposite in meaning to another (7)
13 Six-legged arthropod (6)
15 Snores (anag.) (6)
17 Is present at (7)
18 Nationality of Oscar Wilde (5)
20 Point in question (5)
21 Warming devices (7)
22 e.g. resident of Cairo (8)
23 Mountain system in Europe (4)

Down

1 Self-confident and commanding (13)
2 Capital of Vietnam (5)
4 Cause to fall from a horse (6)
5 Conjectural (12)
6 Elongated rectangles (7)
7 Process of transformation (of an insect) (13)
8 Exceptional (12)
14 Fulfil a desire (7)
16 Respiratory condition (6)
19 Model; perfect (5)

PUZZLE 159

Across

1 Unit of length (4)
3 Lumberjack's tool (8)
9 Dressed in a vestment (7)
10 Russian spirit (5)
11 Most prominent position (5,2,5)
14 Long and narrow inlet (3)
16 One-way flow structure (5)
17 Increase the running speed of an engine (3)
18 Extension (12)
21 Cathedral (5)
22 Becomes less severe (7)
23 Thick dark syrup (8)
24 Woody plant (4)

Down

1 Unskilled; amateur (8)
2 Breed of dog (5)
4 Removed from sight (3)
5 Immune (12)
6 Motorcycle attachment (7)
7 Enclose in paper (4)
8 Perceptions (12)
12 Criminal (5)
13 Fade away (8)
15 Newtlike salamander (7)
19 Opposite of outer (5)
20 First man (4)
22 Herb (3)

PUZZLE 160

Across

1 Troublemaker (8)
5 Creative disciplines (4)
9 Abatement (5)
10 Sign of the zodiac (7)
11 Not staying the same throughout (12)
13 Wall painting or mural (6)
14 Mixes up or confuses (6)
17 Uncomplimentary (12)
20 Nominal (7)
21 Musical note (5)
22 Travel by horse (4)
23 About-face (8)

Down

1 Suffers (4)
2 Ardent (7)
3 Easy to converse with (12)
4 Be preoccupied with (6)
6 Indian monetary unit (5)
7 Least lengthy (8)
8 Significant (12)
12 Agitated (8)
15 Horizontal supporting beams (7)
16 Deprive of food (6)
18 Destined (5)
19 True and actual (4)

PUZZLE 161

Across

1 After the beginning of (4)
3 Comfy seat (8)
9 Increase the duration of (7)
10 Living in a city (5)
11 Germicide (12)
14 Word expressing negation (3)
16 Way in (5)
17 Large primate (3)
18 Very sad (12)
21 Sign of the zodiac (5)
22 Small grain (7)
23 Shining (8)
24 Critical examination (4)

Down

1 Cheeky (8)
2 Runs at a moderate pace (5)
4 Fix the result in advance (3)
5 Female fellow national (12)
6 European country (7)
7 Monetary unit of South Africa (4)
8 Circle amount (anag.) (12)
12 Consumed (5)
13 Showing deep and solemn respect (8)
15 Sewing aid (7)
19 Entertain (5)
20 Standard (4)
22 Snare or trap (3)

PUZZLE 162

Across

1. Microorganisms (8)
5. Fraud (4)
8. Sprites (5)
9. Tallier (anag.) (7)
10. Settled oneself comfortably (7)
12. Revoke (7)
14. Free from doubt (7)
16. Gossip (7)
18. Type of alcohol (7)
19. Electronic device (5)
20. Stitches (4)
21. Individuality (8)

Down

1. Insects that make honey (4)
2. Conceals with a cloth (6)
3. Writers (9)
4. e.g. Borneo (6)
6. Messenger (6)
7. Collapse disastrously (4,4)
11. Male athlete (9)
12. Merciless (8)
13. Type of nut (6)
14. Rode a bike (6)
15. Long-legged rodent (6)
17. Wet with condensation (4)

PUZZLE 163

Across

1 Metallic element (4)
3 Writs or warrants (8)
9 Set a boat free from her moorings (4,3)
10 Dry red wine (5)
11 Facial protuberances (5)
12 Get back together (7)
13 Symbol or representation (6)
15 On the beach; on land (6)
17 Not outside (7)
18 Calls out like a lion (5)
20 Requirements (5)
21 Clasp (7)
22 Writer of literary works (8)
23 Poses a question (4)

Down

1 Put to trouble (13)
2 Drives out from a place (5)
4 Implement change (6)
5 Restrict within limits (12)
6 Precondition (7)
7 Brazenness (13)
8 In a carefree manner (12)
14 Spending funds (7)
16 Plus points (6)
19 Accumulate (5)

PUZZLE 164

Across

1 Companionable (6)
7 Take to pieces to examine (8)
8 Precious stone (3)
9 A distinguishing symbol; type of pen (6)
10 Falls back (4)
11 Breathing organs (5)
13 Irritated (7)
15 Opposite of morning (7)
17 Spirit of the air (5)
21 Lies (anag.) (4)
22 Follow-up (6)
23 Boy (3)
24 Squid (8)
25 Courageously (6)

Down

1 Gesture (6)
2 Widespread (6)
3 Fastens shut with a key (5)
4 Taunting; mocking (7)
5 Lamentation (8)
6 Debris (6)
12 Alloy of copper and tin (8)
14 Uncommon (7)
16 Concerned with sight (6)
18 Soothed (6)
19 Period of prosperity (6)
20 Small firework (5)

PUZZLE 165

Across

1 Raise (4)
3 Unbarred (8)
9 Agitate; bother (7)
10 Earnest appeals (5)
11 Body of voters in a given area (12)
14 Ten (anag.) (3)
16 Leashes (5)
17 Small green vegetable (3)
18 State of the USA (12)
21 Japanese poem (5)
22 Damaging immune response (7)
23 Control (8)
24 Liability (4)

Down

1 Decreasing (8)
2 Crime of burning something (5)
4 Pen point (3)
5 Brutally; harshly (12)
6 Patella (7)
7 Office furniture (4)
8 Knowing more than one language (12)
12 Sorrowful (5)
13 Substance that speeds up a reaction (8)
15 Abounding (7)
19 Care for; look after (5)
20 Singe (4)
22 What painters create (3)

PUZZLE 166

Across

1 Eccentricity (11)
9 Desires (5)
10 How (anag.) (3)
11 Stringed instrument (5)
12 Small loose stones (5)
13 Glass-like volcanic rock (8)
16 Conceptual thinker (8)
18 Upright (5)
21 Leaves out (5)
22 Recede (3)
23 Heavy noble gas (5)
24 Serving to enlighten;
   instructive (11)

Down

2 Serious (7)
3 Confirms a decision;
  supports (7)
4 African antelope (6)
5 Takes a break (5)
6 Tall narrow building (5)
7 Needleworker (11)
8 Metabolic equilibrium (11)
14 Capital of Ontario (7)
15 Mediterranean coastal
   region (7)
17 Large wasp (6)
19 Implant (5)
20 Poisonous (5)

PUZZLE 167

Across

1. e.g. London and Paris (8)
5. Adjoin (4)
9. Country in South East Asia (5)
10. Bedroom (7)
11. Next (12)
14. Fish eggs (3)
15. Pertaining to bees (5)
16. Enjoyable (3)
17. Annulment (12)
20. Marked with spots (7)
22. Rule (5)
23. Mission (4)
24. Fills with air (8)

Down

1. Young lions (4)
2. Scent; smell (7)
3. Clearness (12)
4. Scientific workplace (abbrev.) (3)
6. Puff up; swell (5)
7. Delaying (8)
8. Occult (12)
12. Pen made from a bird's feather (5)
13. Highly critical remark (8)
16. Flower shop (7)
18. Secluded places (5)
19. Sink (anag.) (4)
21. Japanese monetary unit (3)

PUZZLE 168

Across

1 Tanks for storing water (8)
5 Bypass (4)
9 Shadow (5)
10 Throw into disorder (7)
11 Outdo (5)
12 Lyric poem (3)
13 Our planet (5)
15 Foresee or predict (5)
17 Pull a vehicle (3)
19 Extremely small (prefix) (5)
20 Woodland plant (7)
21 Metal spikes (5)
22 Was aware of; understood (4)
23 The training of birds of prey (8)

Down

1 Respond aggressively to military action (7-6)
2 Downbeat (7)
3 Extreme irritation (12)
4 Not masculine or feminine (6)
6 Japanese form of fencing (5)
7 Affectedly (13)
8 Devoted to music (12)
14 Small dissenting group (7)
16 Swiss city (6)
18 In what place (5)

PUZZLE 169

Across

1 Makes better (11)
9 Grew fainter (5)
10 Single in number (3)
11 Short choral composition (5)
12 Principle of morality (5)
13 Gentleness (8)
16 Until now (8)
18 Senior figure in a tribe (5)
21 Ray (5)
22 Not well (3)
23 Bend or curl (5)
24 Triangular pyramid (11)

Down

2 Cause to feel very ashamed (7)
3 Raising (7)
4 Commands (6)
5 Confuse (5)
6 Period of time in history (5)
7 Creating an evocative mood (11)
8 Opposing political progress (11)
14 Punched (7)
15 River in South America (7)
17 Mischievous (6)
19 Research deeply (5)
20 Happen again (5)

PUZZLE 170

Across

1 Least young (6)
7 Annual (8)
8 Item constructed by a spider (3)
9 Tools for drilling holes in rocks (6)
10 Valley (4)
11 Judges (5)
13 Containing no water at all (4,3)
15 Wavering vocal quality (7)
17 Stanza or verse (5)
21 Award (informal) (4)
22 Park keeper (6)
23 Auction offer (3)
24 Chuckling (8)
25 Military blockades (6)

Down

1 Ahead (6)
2 Pointed hand tool (6)
3 Sorts (5)
4 Hearing range (7)
5 Complying with orders (8)
6 Softwood tree (6)
12 Loan against a house (8)
14 Faintly illuminated at night (7)
16 Line of equal pressure on a map (6)
18 Safety device in a car (6)
19 Decays (6)
20 Unexpected catches (5)

PUZZLE 171

Across

1 Agreeing with a request (11)
9 Speak in public without preparation (2-3)
10 Of recent origin (3)
11 Royal (5)
12 Dole out (5)
13 Come before in time (8)
16 Trained user of a machine (8)
18 Large quantities of paper (5)
21 Mediterranean island (5)
22 Toothed wheel (3)
23 Shine brightly (5)
24 Administrative assistants (11)

Down

2 Fails to remember (7)
3 Slanted letters (7)
4 Liquefied (6)
5 Leg bone (5)
6 Type of plastic; record (5)
7 System of government (11)
8 European country (11)
14 Branch of linguistics (7)
15 Skilled sportsman (7)
17 A mother or father (6)
19 Tiny aquatic plants (5)
20 Sweetening substance (5)

PUZZLE 172

Across

1 Slipcase (anag.) (8)
5 Molten matter (4)
9 Disregard the rules (5)
10 Respectable; refined (7)
11 In a greedy manner (12)
13 Supplied or distributed (6)
14 Abdominal organ (6)
17 Person's physical state (12)
20 Type of pheasant (7)
21 Financial incentive (5)
22 Overly curious (4)
23 Notes of a chord played in rapid succession (8)

Down

1 Not hard (4)
2 Changes gradually (7)
3 Act of seizing something en route (12)
4 Amount of money left in a will (6)
6 Regions (5)
7 Lessening; diminishing (8)
8 Unfriendly (12)
12 Key person in a business (8)
15 Wearing away (7)
16 Less fresh (of bread) (6)
18 Approaches (5)
19 Repeat an action (4)

PUZZLE 173

|1| |2| |■|3|4| |5| |6| |7|
	■		■	8		■			■		■	
9							■	10				
	■		■		■		■		■		■	
11			■		■		■	12				
	■		■	13						■		
	■	14			■				■			
	■		■	15		16						
17					■				■	18		
	■		■		■		■		■		■	
19					■	20						
	■		■		■		■		■		■	
21								■	22			

Across

1 Unattractive (4)
3 Pertaining to education (8)
9 Having no purpose at all (7)
10 Play a guitar (5)
11 Exclamation of contempt (3)
12 Tropical fruit (5)
13 Church singers (5)
15 Piece of furniture (5)
17 Position carefully (5)
18 Farewell remark (3)
19 Rotates (5)
20 Accept to be true (7)
21 Control (8)
22 Resistance units (4)

Down

1 Unexpected (13)
2 Threshold (5)
4 Building for gambling (6)
5 Unpleasant (12)
6 Human beings (7)
7 Militant aggressiveness (13)
8 Food shop (12)
14 Rearranged letters of a word (7)
16 Embarrassing mistake (3-3)
18 Large tree (5)

PUZZLE 174

Across

1 What a cyclist rides (4)
3 Engravings (8)
9 Offence (7)
10 Religious table (5)
11 Prohibited by social custom (5)
12 Mythical creature active at night (7)
13 Involving financial matters (6)
15 Feature (6)
17 River of South East Africa (7)
18 Settle for sleep (of birds) (5)
20 Boredom (5)
21 Italian rice dish (7)
22 Spatters with liquid (8)
23 Performs on stage (4)

Down

1 Copious abundance (13)
2 Skewered meat (5)
4 Number of Apostles (6)
5 Female school boss (12)
6 Reticular (7)
7 Clandestine (13)
8 Scientific research rooms (12)
14 Strongly influencing later developments (7)
16 Husky (6)
19 Topic (anag.) (5)

PUZZLE 175

Across

1. Make valid retrospectively (8)
5. Mocks (4)
9. Walks through water (5)
10. Ancestry (7)
11. Inflexible (12)
13. Close at hand (6)
14. Stagnation or inactivity (6)
17. Productivity (12)
20. Huge coniferous tree (7)
21. Garbage or drivel (5)
22. Ride the waves (4)
23. Genteel and feminine in manner (8)

Down

1. Buckles (4)
2. Virtuoso solo passage (7)
3. The dispersal of goods (12)
4. Particularly strong ability (6)
6. Freedom from war (5)
7. Most saccharine (8)
8. Dimly; not clearly (12)
12. Specified work clothes (8)
15. Japanese dish of raw fish (7)
16. Treeless Arctic region (6)
18. Beneath (5)
19. Where you are (4)

PUZZLE 176

Across

1 Unscathed (8)
5 Short tail (4)
9 Challenges (5)
10 Joins in matrimony (7)
11 Moves up and down repeatedly (7)
12 Customary practice (5)
13 Impart knowledge (6)
14 Belt worn round the waist (6)
17 Smallest quantity (5)
19 Plants that live a year or less (7)
20 One of the planets (7)
21 Machine for shaping wood or metal (5)
22 Song by two people (4)
23 Believes tentatively (8)

Down

1 Lacking in control (13)
2 Flesher (anag.) (7)
3 The proprietor of an eating establishment (12)
4 Entangle (6)
6 Porcelain (5)
7 Blandness (13)
8 A type of error in speech (8,4)
15 Severe (7)
16 Rich cake (6)
18 Plentiful (5)

PUZZLE 177

Across

4 Large birds of prey (6)
7 Huge (8)
8 Strange (3)
9 Brag about (4)
10 Pictures (6)
11 Helps (7)
12 Ascended (5)
15 Dull car sounds (5)
17 Most healthy (7)
20 Spiny tree or shrub (6)
21 Swallow eagerly (4)
22 Man's best friend (3)
23 Servings of food (8)
24 Discontinuance; neglect (6)

Down

1 Growls (6)
2 Moving slowly (8)
3 Sum of human conditions (7)
4 Piece of writing (5)
5 Lets go of (6)
6 Abrupt (6)
13 Design engraved into a material (8)
14 Competition (7)
15 Frank and sincere (6)
16 Customary practices (6)
18 Salty (6)
19 Range (5)

PUZZLE 178

Across

1 Moderating; capping (8)
5 Uproarious party (4)
8 Move as fast as possible (5)
9 Motor-driven revolving cylinder (7)
10 Sorrow (7)
12 Report of an event (7)
14 Composed or serious manner (7)
16 Woo; court (7)
18 Japanese massage technique (7)
19 Biter (anag.) (5)
20 Follow orders (4)
21 Careless (8)

Down

1 e.g. an arm or leg (4)
2 A system of measurement (6)
3 Waterproofed canvas (9)
4 Most pleasant (6)
6 Part of a stamen (6)
7 Truly (8)
11 Revolted (9)
12 In the open air (8)
13 Drink (6)
14 Reserved and coy (6)
15 Ask a person to come (6)
17 State of confusion (4)

PUZZLE 179

Across

1 Portion of medicine (4)
3 Military people (8)
9 Foliage (7)
10 Large bags (5)
11 First language (6,6)
14 Curved shape (3)
16 Smooth cream of vegetables (5)
17 Foot extremity (3)
18 List of books referred to (12)
21 Stadium (5)
22 Last longer than (a rival) (7)
23 Arrange by category (8)
24 Dull heavy sound (4)

Down

1 Difficult choices (8)
2 Hurt; clever (5)
4 Material from which a metal is extracted (3)
5 Break up (12)
6 Coat with precious gems (7)
7 Mediocre (2-2)
8 Butterfly larvae (12)
12 Trunk of the body (5)
13 Naive or sentimental (4-4)
15 Grotesque monster (7)
19 Business proposal (5)
20 Mineral powder (4)
22 Not on (3)

PUZZLE 180

Across

1. Sport popular in America (8)
5. Capital of Norway (4)
9. Ring solemnly (5)
10. Stringed instruments (7)
11. Author of screenplays (12)
13. Give a loud shout (6)
14. Get away from (6)
17. Corresponding; proportionate (12)
20. Remedy for everything (7)
21. Instruct (5)
22. Gelatinous substance (4)
23. Close groups (8)

Down

1. Cook in the oven (4)
2. Template (7)
3. Hostility (12)
4. Devices that illuminate (6)
6. Viewpoint (5)
7. Person who sees something (8)
8. Type of cloud (12)
12. Yellowish edible seed (8)
15. Motivate (7)
16. Attack (6)
18. Faint southern constellation (5)
19. Therefore (4)

PUZZLE 181

Across

1 Inopportune (8)
5 Coalition of countries (4)
9 Smells strongly (5)
10 Twisting force (7)
11 Prowlers (7)
12 District council head (5)
13 Regard with approval (6)
14 Word that qualifies another (6)
17 Lazes; does nothing (5)
19 Active part of a fire (7)
20 Vast (7)
21 Ballroom dance (5)
22 Three feet length (4)
23 Unnecessary (8)

Down

1 Lack of dependability (13)
2 A general proposition (7)
3 Give a false account of (12)
4 Most recent (6)
6 People not ordained (5)
7 Things that are given (13)
8 Planned in advance (12)
15 Cost (7)
16 Dairy product (6)
18 Arboreal primate (5)

PUZZLE 182

Across

1 Unbearable (11)
9 Lukewarm (5)
10 Come together (3)
11 Animal life of a region (5)
12 Anxious (5)
13 Argued logically (8)
16 Making (8)
18 Bunches (5)
21 Dried kernel of the coconut (5)
22 Pledge (3)
23 Jump over (5)
24 Stargazers (11)

Down

2 Not artificial (7)
3 Eight-sided polygon (7)
4 Extensive domain (6)
5 Supplementary component (3-2)
6 Beer (5)
7 Instructive (11)
8 e.g. Queen of Hearts (7,4)
14 Holy place (7)
15 More straightforward (7)
17 Go back (6)
19 Young deer (pl.) (5)
20 Rescuer (5)

PUZZLE 183

Across

1 Large towns (6)
7 Wrongdoings (8)
8 State of armed conflict (3)
9 Papal representative (6)
10 Bonus; positive (4)
11 Risky (5)
13 Turns upside down (7)
15 Regain strength (7)
17 Pointed projectile (5)
21 Part of the foot (4)
22 Hostility (6)
23 Came across (3)
24 Redeploy (8)
25 Showy (6)

Down

1 One who is easily frightened (6)
2 Rotated (6)
3 Hit hard (5)
4 Amaze (7)
5 A period of 366 days (4,4)
6 Alter or adapt (6)
12 Gruesome; morbid (8)
14 Non-specific (7)
16 Small hole (6)
18 Poems; sounds alike (6)
19 Morally admirable (6)
20 Change (5)

PUZZLE 184

Across

1 Helper (4)
3 Believable; plausible (8)
9 Helps to happen (7)
10 Feelings and emotions (5)
11 Modestly (12)
13 Deep fissures (6)
15 Part of a motor (6)
17 Picture (12)
20 Meal (5)
21 Dilemma (7)
22 Pristine (5-3)
23 Proofreader's mark (4)

Down

1 Sufficiency (8)
2 Stage play (5)
4 Continue (6)
5 One who takes part in a protest (12)
6 Pamphlet (7)
7 Compass point (4)
8 Reticent and secretive (12)
12 Send a signal (8)
14 Capital of Georgia in the US (7)
16 Area of flat unforested grassland (6)
18 Small body of land (5)
19 Fluent but shallow (4)

PUZZLE 185

Across

1 One in charge of a gaming table (8)
5 Sell (4)
8 Motionless (5)
9 One more (7)
10 Anticipates (7)
12 Perfumed (7)
14 Due to the fact that (7)
16 Guest (7)
18 Vent for molten lava (7)
19 Satisfied a desire (5)
20 Dulls (4)
21 Personal magnetism (8)

Down

1 Price (4)
2 Bird with yellow and black plumage (6)
3 Contaminating matter (9)
4 Wiped out (6)
6 Morals (6)
7 Mocking (8)
11 Forerunner (9)
12 Lived to tell the tale (8)
13 Shelter; place of refuge (6)
14 Decorative ornament (6)
15 Gets together (6)
17 Thought (4)

PUZZLE 186

Across

1 Taxis (4)
3 Form of musical articulation (8)
9 Group of three (7)
10 Crazy (5)
11 Using letters and numbers (12)
14 Seventh Greek letter (3)
16 Correct (5)
17 Utter (3)
18 Person who listens into conversations (12)
21 Select class (5)
22 Ripping (7)
23 Making ineffective (8)
24 Energy and enthusiasm (4)

Down

1 Semi-rural dwellings (8)
2 Small airship (5)
4 Your (poetic) (3)
5 In accordance with general custom (12)
6 Reaches a specified level (7)
7 Semi-precious agate (4)
8 Conflict of opinion (12)
12 Spurred on (5)
13 Lightest element (8)
15 Subsiding (7)
19 Bottle (5)
20 Observed (4)
22 Nine plus one (3)

PUZZLE 187

Across

1 Mixing boards (8)
5 Vessel (4)
8 Free from dirt (5)
9 A long wandering journey (7)
10 Drop (7)
12 Smart; chic (7)
14 Extremely shocking things (7)
16 Variety of rummy (7)
18 Series of boat races (7)
19 Arose from slumber (5)
20 Rodents (4)
21 Unsubstantiated (8)

Down

1 Agreement (4)
2 Margin of safety (6)
3 Persistent and dogged (9)
4 Sufficient (6)
6 Keep secret (4,2)
7 Remittances (8)
11 Exaggerate (9)
12 Magician (8)
13 Chess piece (6)
14 Capital of Cuba (6)
15 Serving no functional purpose (6)
17 Opposite of more (4)

PUZZLE 188

Across

1 Male deer (4)
3 Liking for something (8)
9 Agitated (7)
10 Supply with food (5)
11 Action of breaking a law (12)
13 Measurement of extent (6)
15 Device for removing impurities (6)
17 Courtesy (12)
20 Customary (5)
21 Declaring (7)
22 Quotidian (8)
23 Sight organs (4)

Down

1 Fortress in Paris (8)
2 Leader or ruler (5)
4 One's twilight years (3,3)
5 Withdraw from service (12)
6 No longer in existence (7)
7 Painful (4)
8 In a creative manner (12)
12 Portents (8)
14 Bring up (7)
16 Instrumental piece of music (6)
18 Enlighten; educate (5)
19 Beast of burden (4)

PUZZLE 189

Across

1 Indefatigable (8)
5 Settee (4)
9 Puts in order (5)
10 Charmer (anag.) (7)
11 Sovereign (7)
12 Tennis stroke (5)
13 Reply (6)
14 Dung beetle (6)
17 Lift up (5)
19 Strong-smelling fungus (7)
20 Tropical cyclone (7)
21 Sense experience (5)
22 Unorthodox religion or sect (4)
23 Uses again (8)

Down

1 Uncaring (13)
2 Oppressive rulers (7)
3 Revival of something (12)
4 Insect larvae (6)
6 Opposite one of two (5)
7 Pleasantness (13)
8 Long race (5-7)
15 Rebuttal (7)
16 Way of standing (6)
18 Urge into action (5)

PUZZLE 190

Across

1 Timetable (8)
5 Large underground chamber (4)
9 Device used to connect to the internet (5)
10 Person who keeps watch (7)
11 Loud resonant noise (5)
12 Chatter (3)
13 Push away (5)
15 Solid geometric figure (5)
17 Taxi (3)
19 Waterlogged area of land (5)
20 Small bone in the ear (7)
21 Religious book (5)
22 Exposes to natural light (4)
23 Most precipitous (8)

Down

1 Partially awake (13)
2 Cause to absorb water (7)
3 Data about a population (12)
4 Move with a bounding motion (6)
6 In the company of (5)
7 Institution (13)
8 Not catching fire easily (3-9)
14 Short moral story (7)
16 Purpose (6)
18 Buffalo (5)

PUZZLE 191

Across

1 Sculpture of the upper body (4)
3 Scatter upon impact (8)
9 Doing as one is told (7)
10 Feeling of fear (5)
11 Make a mistake (3)
12 Supply with; furnish (5)
13 Subdue (5)
15 Oak tree nut (5)
17 Extreme displeasure (5)
18 Consumed food (3)
19 Half of six (5)
20 Farewell remark (7)
21 Salad sauce (8)
22 Animal doctors (4)

Down

1 Overwhelmed with sorrow (6-7)
2 Pointed weapon (5)
4 Eastern temple (6)
5 Foreboding (12)
6 Particular languages (7)
7 Open-mindedness (13)
8 Squint harder (anag.) (12)
14 Swell with fluid (7)
16 Starting point (6)
18 Stroll casually (5)

PUZZLE 192

Across

1. Precious red gem (4)
3. Dawdlers (8)
9. Of the stomach (7)
10. The beginning of something (5)
11. Condemnation (12)
13. Lethargic (6)
15. Hinder (6)
17. Entirety (12)
20. Crumble (5)
21. Introductory piece of music (7)
22. Heard (8)
23. Large deer (pl.) (4)

Down

1. Lack of flexibility (8)
2. Water container (5)
4. Very cold (of weather) (6)
5. Easy-going (4-8)
6. Reinstate (7)
7. Locate or place (4)
8. Principal face of a building (12)
12. Re-evaluate (8)
14. Rowdy (7)
16. Humans in general (6)
18. Evenly balanced (5)
19. Vend (4)

PUZZLE 193

Across

1 Science of farming (11)
9 Plain writing (5)
10 Conciliatory gift (3)
11 Committee (5)
12 Underground worker (5)
13 e.g. Gregorian or Julian (8)
16 Insect trap (8)
18 Pipes (5)
21 24th Greek letter (5)
22 Clumsy person (3)
23 Joins together (5)
24 Having celebrities in attendance (4-7)

Down

2 Kind of breakfast cereal (7)
3 Insert in a person's body (7)
4 Ideally perfect state (6)
5 Unit of heat (5)
6 Sticky substance exuded by trees (5)
7 Belief something will happen (11)
8 Fitting (11)
14 Against (7)
15 Satisfy; conciliate (7)
17 Finch (6)
19 Suit (5)
20 Pertaining to the sun (5)

PUZZLE 194

Across

1 Disgusting (4)
3 Expulsion (8)
9 Caring for (7)
10 Trembling poplar (5)
11 Respond to (5)
12 Flight hub (7)
13 Failing to win (6)
15 Hold fast (6)
17 Person who gives up (7)
18 Assisted (5)
20 Accustom (5)
21 Public sale with bidders (7)
22 Cornerstone (8)
23 Sea eagle (4)

Down

1 Voice projection (13)
2 Insect grub (5)
4 Big cat (6)
5 Ability to see the future (12)
6 Beseech (7)
7 Failure to be present at (13)
8 Clarity (12)
14 Things that evoke reactions (7)
16 Fleet of ships (6)
19 Less moist (5)

PUZZLE 195

Across

1 Official (11)
9 Sharp-pointed organ of a bee (5)
10 Allow (3)
11 Not illuminated (5)
12 Carer (anag.) (5)
13 Flag position to indicate mourning (4-4)
16 Orange plant pigment (8)
18 Stares with the mouth wide open (5)
21 Petite (5)
22 Seabird (3)
23 Alert (5)
24 Introductory (11)

Down

2 Four-stringed guitar (7)
3 Traditional ways of doing things (7)
4 Iridaceous plants (6)
5 African country whose capital is Niamey (5)
6 Ancient object (5)
7 Nitrous oxide (8,3)
8 Narrator (11)
14 Permission (7)
15 Arguer (7)
17 Domestic assistant (2,4)
19 Card game (5)
20 Steep bank or slope (5)

PUZZLE 196

Across

1 Curved shapes (4)
3 Conclusive examination (4,4)
9 Linked together (7)
10 Flexible insulated cables (5)
11 Environment (12)
14 Tear (3)
16 Brown nut (5)
17 Mineral spring (3)
18 DIY stands for this (2-2-8)
21 Ball of lead (5)
22 Declare (anag.) (7)
23 Relating to critical explanation (8)
24 Flat-bottomed boat (4)

Down

1 The origin of something (8)
2 Seat (5)
4 Popular edible fish (3)
5 Lexicons (12)
6 Angers (7)
7 Throw a coin in the air (4)
8 Contradictory (12)
12 Tortilla topped with cheese (5)
13 Yellow flower (8)
15 Give rise to (7)
19 Strange and mysterious (5)
20 Recess (4)
22 22nd Greek letter (3)

PUZZLE 197

Across

4 Bidding (6)
7 Geniality (8)
8 Goal (3)
9 Silvery-white metallic element (4)
10 In truth; really (6)
11 Tornado (7)
12 Smarter (5)
15 Edge of a knife (5)
17 Electronic retention of data (7)
20 Tiny bag (6)
21 Variety; sort (4)
22 Command to a horse (3)
23 Participant in a meeting (8)
24 Lengthen (6)

Down

1 Inform (6)
2 Laughed (8)
3 Completely enveloping (7)
4 Curves (5)
5 Avoids (6)
6 Wooden building material (6)
13 Source of annoyance (8)
14 Written law (7)
15 Small parrot (informal) (6)
16 State a belief confidently (6)
18 Burrowing rodent (6)
19 In front (5)

PUZZLE 198

Across

1 Of considerable size (11)
9 Antelope (3)
10 Expect; think that (5)
11 Join together (5)
12 Regal (5)
13 Extremely lovable (8)
16 Food of the gods (8)
18 Impersonator (5)
20 Golf clubs (5)
21 Levels; ranks (5)
22 Tree that bears acorns (3)
23 Stood for (11)

Down

2 Practice of lending money at high interest rates (5)
3 Unpleasant facial expression (5)
4 Lived by (6)
5 Slight earthquakes (7)
6 Assign (7)
7 Frustrating (11)
8 Easily achieved (5,2,4)
14 Forgive (7)
15 Gun holder (7)
17 Reasons (6)
18 Craftsman who uses stone (5)
19 Large deer (5)

PUZZLE 199

Across

4 Gazed (6)
7 Number of days in a fortnight (8)
8 Short sleep (3)
9 Accomplishment (4)
10 Money received (6)
11 Intrusions (7)
12 Narrow valleys (5)
15 Reduce prices substantially (5)
17 Health and fortunes of a group (7)
20 Follows (6)
21 Labels (4)
22 Animal lair (3)
23 Footpath for pedestrians (8)
24 Fails to hit a target (6)

Down

1 Meet or find by chance (4,2)
2 Formal speeches (8)
3 Makes one think of (7)
4 Repast (5)
5 Go back on a promise (6)
6 Repositories (6)
13 Period during which you live (8)
14 Wistfully thoughtful (7)
15 Rarely (6)
16 Active causes (6)
18 One appointed to administer a state (6)
19 Ditches (5)

PUZZLE 200

Across

1 Come together (8)
5 Adhesive (4)
8 Decompose (5)
9 Poisonous metallic element (7)
10 Scuffles (7)
12 Alternative forms of genes (7)
14 Driving out (7)
16 Relished (7)
18 Makes a choice (7)
19 Not asleep (5)
20 Fine powder (4)
21 Came up with a new product (8)

Down

1 Cipher (4)
2 Five cent coin (US) (6)
3 History of a word (9)
4 Allows (6)
6 Missing human interaction (6)
7 Releasing from a duty (8)
11 Underlying substance or layer (9)
12 Went along to an event (8)
13 Expels (6)
14 More likely than not (4-2)
15 Child (6)
17 Go by an indirect route (4)

SOLUTIONS

1

```
DOWNHILL   MALI
E    A O   A U D N
COVER   VENTURE
E  O R  I  A L  X
NARROWS   SITUP
T    E R  H S  E
AFRESH   RAIDER
M    T L  I E  I
INFER   ECLIPSE
N  E  U  S A O  N
ATTACKS   BASIC
T    I K  E L I E
EDDY   DEJECTED
```

2

```
MIFF   PREAMBLE
O  E D  A R  U  F
TUTORED   CLIFF
H  C E  I H  L  E
ETHOS   AVIATOR
R    S L  T I  V
COMMIT   SEANCE
O  A N  S C  S
UPRIGHT   TUNIC
N  I D  R U  I  E
TEMPO   AFRICAN
R  B W  I E  E  C
YEARNING   TRUE
```

3

```
 BEACHCOMBER
O A H  E  I X  A
G  ADMIX   EGG
STEER  E U  R G
E R G  N  PETAL
SOLVENTS    O
S Y  D   C R  M
   CASHMERE
VOCAL  S A  U R
E O  E L  PANDA
LID  ADEPT  I T
Y E  R  E  E O E
 TRANSPARENT
```

4

```
 EXCEPTIONAL
T Y  V  U L  C  W
EEL EARLY   E O
R  E N  E  METER
MIMES  E P  O D
I I   INNUENDO
N T  P   S E  F
OCARINAS    M
L F  E N  CAMEO
OFFER  T A  A U
G E  CALLS  GUT
Y T  E   E E  I H
 MASSPRODUCE
```

5

```
 S F S  BLADES
STEALTHY   O I
 R T O  L  WIN
WISH REACTS  G
 K E  I  W E E
DEBRIEF  ACRID
   L S  H  O
FRAYS  RESHAPE
I M  G E  E R
E ERRAND  SHOT
SON  U F  I F
T D  NEUROTIC
ASSIST   L N T
```

6

```
ITCH   OUTSIDER
N  I B  N L  U  O
SCREECH   ENDOW
I  C S  O D  G  S
SHARPTONGUED
T  E K  E  O  P
EFFACE   CHANCE
D  O T  E A  R
 ARRANGEMENTS
L  E C  R M  E  I
EASEL   EXEMPTS
A  E E  S R  A  T
FIENDISH   ELMS
```

7

```
F R E T   D E S P O T I C
O X   I   L   A   A   R
R O T U N D A   R A D I O
E   R   T   P   T   P   S
K N A V E   S A I L O R S
N   R   E   C   L   C
O P T I M A   B U R E A U
W   R   S   L   L   U
L A U N D R Y   A U D I T
E   D   I   M   R   O   U
D O G M A   B O L S T E R
G   E   T   O   Y   E   A
E A S T E R L Y   I D O L
```

8

```
L E M O N S   E   S   U
A   A   P I N G P O N G
D A D   E   S   R   R
I   D E M E A N   I C O N
N   E   D   A   T   L
G E N U S   F R A Z Z L E
    N   I   E   E
P A S S I N G   C R O W S
    R   T   S   K   R   M
F E T A   T U N I N G   I
N   B   E   E     A N T
T A I L G A T E   N   E
S   E   D   L E A S E S
```

9

```
  T   M   C   A B J E C T
T H R A S H E D   A   H
R   C   E   D   R O W
N O V A   E X E M P T   A
N   Q   T   R   H   R
P E R U S A L   B E S E T
  E   H   A   Q
F R O S T   A C C U S E D
R   R   S   I   I   V
I   A T O N E D   P O E M
Z   N   U   I   P   N
Z   G   B A T T E R E D
Y I E L D S   D   Y   D D
```

10

```
H O T S P O T S   P L O D
A   U   R   H   S   O   I
L A R G E   O P P O S E S
L   N   C   R   I   E   P
U N I C O R N   C U R I A
C   P   G   S   K   S
I N S A N E   B A R G E S
N   I   P   N   O   I
A M B I T   U N D E R G O
T   A   I   R   S   I   N
I R K S O M E   P O L K A
O   E   N   S   A   L   T
N O S E   S T O N E A G E
```

11

```
F R E E Z I N G   R U E D
I   Q   I   I   N   E
S T U N G   M A S T I F F
T   I   Z   B   T   I
  T   A   U M P T E E N
V O Y A G E S   I   D   I
A   G   S   T
N   T   E   A U T O C U E
I N S I D E S   A   H
S   E   I   C   O   T
H A T C H E D   H O S T A
E   S   E   I   E   N
S E E M   A S T O U N D S
```

12

```
Q U A N D A R Y   L Y R E
U   V   E   E   C   U   N
A F O O T   P O L E M I C
D   I   E   A   O   M   O
R A D A R   S   T   Y O U
I   E   M A T C H   R
L   D   I   E   B   A
A   N E W T S   O   G
T H E   A   H   H E N C E
E   N   B   I   O   A   M
R I V U L E T   R A N G E
A   O   E   E   S   Z   N
L A Y S   U N D E R A C T
```

13

```
S E R V I C E S   A P E D
I   A   N   S   L     I
L I C I T   J I T T E R S
V   C   R   O   R   A   T
E C O L O G Y   O L D E R
R   O   V   S   N       E
W A N T E D   O G R E S S
E   R   M   W   V       S
D U P E S   O R I G A M I
D   I   I   U   L   S   N
I M P I O U S   L Y I N G
N   N   S   E   O   L   L
G E T S   T E N D E N C Y
```

14

```
  M E A N I N G L E S S
P   X   O   E   O   K   V
L E A   I M P L Y   E   I
E   C   S   H   A S T I R
A P T L Y   E   L   C   I
S         S W I T C H E D
U E L   Y   Y   Y       E
R A M P A R T S         S
A   B   N   E   C O M I C
B R A V O   R   O   A   E
L   R   L A R G O   P E N T
E   G   I   O   E   L   T
D O W N T R O D D E N
```

15

```
N I P S   S T U D E N T S
O   I   A   H   I   U   I
T R A W L E R   S P L A T
E   N   L   O   C   L   S
B O O G I E W O O G I E
O     M   N   U   F   P
O C C U P Y   P R A Y E R
K   A   O   S   A       O
  A S T R O L O G I C A L
A   T   T   U   I   H   O
V I L L A   D E N Y I N G
E   E   N   G   G   V   U
R O S E T T E S   M E T E
```

16

```
U P O N   A S S E S S O R
N   C   S   H   X   P   I
P A C K A G E   T Y I N G
R   U   C   L   O   R   H
E R R O R   V E R D A N T
T   T   I   E   T   L   E
E X P E L S   F I A S C O
N   L   E   S   O       U
T H O U G H T   N E C K S
I   T   I   U   A   H   N
O U T D O   C A T L I K E
U   E   U   C   E   N   S
S I D E S H O W   P O D S
```

17

```
  P R I C K L Y P E A R
G   O   A   I   A   L   R
R H O   U N F I T   R   E
A   M   S   T   C R E A M
S T Y L E   E   H   A   E
S       A D D E N D U M
H   G   R       S   Y   B
O P A Q U E L Y       E
P   L   S   O   F L A I R
P A I R S   A   O   S   I
E   L   I N D E X   K I N
R   E   A   E   E   E   G
  C O U N T R Y S I D E
```

18

```
S T R A D D L E   S W A P
U   E   E   W   R       R
C H A R M   A C H I E V E
K   S   O   D   E   S   C
  C O I N C I D E N T A L
T   N   S   N   L       U
E R S A T Z   A B A T E D
A   R   S   A   A       E
C A N T A N K E R O U S
H   T   A   R   R       T
I N F L E C T   O S I E R
N   T   D   E   W   N   O
G U Y S   C R E S C E N T
```

19

```
H O P S . M A L D I V E S
E . A . O . G . I . E . A
I N S U L A R . S T R E W
G . T . D . E . A . A . S
H E A R T R E N D I N G .
T . . E . D . V . D . H .
E M B O S S . P A R A D E
N . A . T . I . N . A . .
. S T R A I G H T E N E D
S . T . M . N . A . I . L
T I L D E . O R G A N Z A
U . E . N . R . E . T . M
B E S O T T E D . S H O P
```

20

```
U R G E . E C L I P S E S
N . A . C . R . N . I . O
C O M P O T E . T U L I P
O . M . N . A . E . L . H
M E A N T . T E R M I N I
P . . R . E . M . E . S .
L I N E A R . S E C R E T
A . O . D . P . D . . . I
I N V O I C E . I O N I C
N . E . C . R . A . E . A
I N L E T . S E R P E N T
L . E . O . Y . D . . . E
G U A R D I N G . E Y E D
```

21

```
C I R R U S . N . H . C .
A . E . . T E E T O T A L
S U M . . A . S . M . V .
H . O U T F I T . E V E N
E . T . . F . E . W . R .
S T E P S . A G R O U N D
. . . A . R . G . R . . .
E M O T I O N . S K U A S
. O . I . U . A . N . O .
H U G E . G U F F A W . F
. T . N . H . T . E A T .
W H I T E L I E . L . L .
. S . S . Y . R E A L L Y
```

22

```
C O R N . S P L E N D I D
O . E . O . O . A . E . I
N E E D F U L . R I S K S
F . V . F . I . S . E . A
E J E C T . C A P E R E D
D . H . Y . L . T . V . .
E S C H E W . S I E S T A
R . O . R . S . T . . . N
A R M R E S T . T E M P T
T . P . C . U . I . A . A
I G L O O . D A N C I N G
O . E . R . I . G . L . E
N E X T D O O R . U S E D
```

23

```
O P A L . V A L U A B L E
V . L . V . R . N . A . L
E P I T O M E . B I T E S
R . G . C . E . H . E . .
C O N V I V I A L I T Y .
A . . F . C . I . U . L .
M U D . E X I L E . B O O
E . E . R . L . V . . . O
. A E R O D Y N A M I C S
A . P . U . . . B . N . E
R U S T S . P U L S A T E
C . E . L . I . E . N . N
H E A V Y S E T . R E E D
```

24

```
I N S T R U C T . S C A M
M . T . E . A . E . O . I
P O A C H . S E L E C T S
O . T . A . K . E . O . U
S T U M B L E . C H A I N
S . E . I . T . T . . . D
I T S E L F . T R I P L E
B . . I . T . O . R . . R
I N A P T . O S P R E Y S
L . N . A . A . L . M . T
I N V I T E S . A M I G O
T . I . E . T . T . U . O
Y O L K . E S T E E M E D
```

25

```
  D E T R I M E N T A L
R   E   O   A   O C   O
R E   B E S O M   C U P
C L I M B   S   A   R E
O   E   E   D R A W N
M I S T R U S T   A   A
M   T   Y   U   V   N
E       S H E P H E R D
N A T A L   E   S R   S
D   H   E   N   W I T C H
E W E   V E R S E   I U
D   M   E   Y   P G   T
  D E P R I V A T I O N
```

26

```
O W N I N G   S   C   D
F   U     N I T R O G E N
F I R   A   A   N   S
R   S H O W E R   V A I N
E   E   S   T   I   G
S A D L Y   M E A N I N G
      O   S   R   C
R O U N D U P   R E B E L
  S   E   R   R   E   A
L I D S   F A U L T S   W
  E   O   E   N   T R Y
C R I M P I N G   O   E
  S   E   T   S L O W E R
```

27

```
H A R D B A C K   T A X I
A   E   U     I   N
W E I G H   B L U R R E D
K   N   E   I   M   E
    E   M   S U S T A I N
B E D R O O M   P   N   T
A   T   A       E
C   S   H   E N G A G E D
I M P O S E S   H   I
L   O   P   E   V   A
L A U N D E R   T H E I R
U   S   I   T   U   I
S T E P   E T H I O P I A
```

28

```
  D I S P O S I T I O N
I   N   O   C   U   R   P
M O P   S A R I S   I   R
P   U   E   E   S E G U E
E A T E R   E   O   I   V
R       A N A C O N D A
S   D T   K   S   R
O P E R E T T A       I
N   V   L   R   S O N I C
A L O H A   O   A   O   A
T   T   V A U N T   B A T E
E   E   I   G   I   L   E
  H E A V Y H A N D E D
```

29

```
L U M P   C A B O O D L E
I   I   U   B   B I   W
B A N A N A S   L A P S E
E   I   I   O   I   L   S
R E M U N E R A T I O N
A   T   B   E   M   E
T I C K E T   E R R A N T
E   L   R   L   A   C
  L I F E S E N T E N C E
B   M   S   S   I O   T
E X A L T   S C O U R G E
C   T   E   O   N   T   R
K N E A D I N G   R H E A
```

30

```
U P H E L D   S   T   G
P   U     R E T R O F I T
S I N   A   A   R   B
H   G O L F E R   T A B S
O   E   T   V   I   O
T I R E D   W E T L A N D
    C   O   D   L
A R C H I V E   M A K E S
  O   E   E   C   E   K
J O W L   R U E F U L   E
  K   O   D   L   V A T
B I A N N U A L   I   C
  E   S   E   S T E N C H
```

31

O	A	T	S		D	I	V	O	R	C	E	D
V	H	D	N		L		A			R		
E	L	U	S	I	O	N		D	I	N	G	O
R		M	N		F		T			P		
C	A	B	I	N	E	T	M	A	K	E	R	
O		E		E		S		E		P		
M	A	R		R	A	N	C	H		N	I	L
E		E	J		E		I				A	
	C	A	T	A	S	T	R	O	P	H	I	C
T		R	C		N		U			U	A	
W	H	I	S	K		D	R	E	A	M	E	R
I		N	E		U			D		A	D	
N	E	G	A	T	I	O	N		E	N	D	S

32

C	U	R	B		I	C	E	B	E	R	G	S
O		A	R		R		O		O		U	
N	I	R	V	A	N	A		D	R	O	O	P
S		E	B		W		Y		F		E	
T	H	R	O	B		L	O	B	S	T	E	R
R		L	S		U		O		O		F	
U	P	K	E	E	P		D	I	S	P	E	L
C		A	R		G		L		U			
T	U	R	M	O	I	L		D	I	S	C	O
I		A	U		U		I		O		U	
O	B	O	E	S		T	I	N	G	L	E	S
N		K	E		E		G		I		L	
S	T	E	E	R	I	N	G		I	D	L	Y

33

D	U	P	E		C	H	I	C	K	E	N	S
I		A	B		U		O		N		I	
F	L	Y	L	E	A	F		N	A	V	A	L
F		E	L		F		S		I		V	
E	K	E		O	E		T	R	O	V	E	
R			W	I	D	E	R		U		R	
E	M		T			U		S		J		
N	A		H	A	V	O	C		U	I		
T	E	R	S	E		U	T		S	O	B	
I		T	B		L	I	N		I			
A	L	I	V	E		C	O	N	C	E	A	L
T		N	L		A		G		E		E	
E	V	I	C	T	I	N	G		B	R	I	E

34

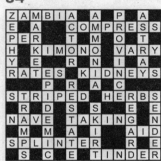

Z	A	M	B	I	A		A		P		A	
E		A		C	O	M	P	R	E	S	S	
P	E	R		T		M		O		T		
H		K	I	M	O	N	O		V	A	R	Y
Y	E		R		N		I		A			
R	A	T	E	S		K	I	D	N	E	Y	S
		P		R		A		C				
S	T	R	I	P	E	D		H	E	R	B	S
	R	D		S	S		E		E			
N	A	V	E		T	A	K	I	N	G		N
	M	M	A		I		A	I	D			
S	P	L	I	N	T	E	R		R	E		
S		C	E		T	I	N	D	E	R		

35

D	I	V	A		S	A	T	I	A	T	E	D
E		I	A		L		N		H		U	
F	I	S	T	F	U	L		C	L	E	F	T
E		O	T		E		O		R		Y	
N	U	R	S	E	R	Y	R	H	Y	M	E	
D		R	S		E		A		A			
E	X	C	I	T	E		P	R	E	L	I	M
R		O	H		E		E		E			
	I	N	C	O	N	V	E	N	I	E	N	T
C		F	U		O		T		M	H		
O	W	I	N	G		L	U	L	L	A	B	Y
M		N	H		V		Y		I	S		
B	R	E	A	T	H	E	D		G	L	U	T

36

	S	B	I		S	P	A	C	E	S		
S	K	Y	L	I	G	H	T		L		I	
I		U	N		O		O	H	M			
F	L	E	E		I	N	U	R	E	S	M	
L		B	T		T		E		E			
U	S	H	E	R	E	D		C	E	D	A	R
L		S	E	X								
S	T	I	L	T		E	X	H	A	U	S	T
I		C	A		C		C		T			
G	O	R	A	C	L	E		T	O	O	L	
H	E	N		T		R	I	L				
T	I		E	X	P	A	N	D	E	D		
S	A	C	R	E	D		T	G	N			

37

```
T E R R I F I C ■ S P U D
O ■ A ■ N ■ N ■ A ■ A ■ E
M I D S T ■ L O G I C A L
E ■ I ■ E ■ A ■ R ■ E ■ U
■ N A R R O W M I N D E D
E ■ N ■ P ■ S ■ C ■ ■ ■ I
N A T U R E ■ B U N I O N
C ■ E ■ E ■ L ■ L ■ G ■ ■
L E G I T I M A T E L Y ■
O ■ I ■ I ■ U ■ I ■ ■ ■ S
S T R I V E N ■ R E C A P
E ■ L ■ E ■ E ■ A ■ I ■ E
D U S K ■ E M U L A T E D
```

38

```
B U F F ■ W O O D L I C E
R ■ O ■ A ■ T ■ E ■ N ■ X
A C R O B A T ■ C O M M A
N ■ U ■ S ■ A ■ L ■ A ■ M
C O M M O N W E A L T H ■
H ■ L ■ A ■ R ■ E ■ A ■ ■
E X O D U S ■ P A U S E S
D ■ B ■ T ■ P ■ T ■ ■ ■ S
■ I L L E G I T I M A T E
F ■ I ■ N ■ N ■ O ■ P ■ S
A R G U E ■ I G N O R E S
I ■ E ■ S ■ N ■ S ■ I ■ E
R E D E S I G N ■ E L L S
```

39

```
E N T R E N C H ■ D A M P
R ■ O ■ G ■ H ■ V ■ R ■ R
A P P L Y ■ E P I S O D E
S ■ P ■ P ■ E ■ W ■ ■ ■ S
■ ■ L ■ T ■ R E L O A D S
S P E C I F Y ■ A ■ L ■ U
I ■ ■ ■ A ■ ■ ■ U ■ R ■ R
L ■ A ■ N ■ U P G R A D E
E X C U S E S ■ H ■ L ■ ■
N ■ H ■ H ■ A ■ K ■ P ■ ■
T H I S T L E ■ B R A C E
L ■ N ■ R ■ L ■ L ■ E ■ ■
Y O G A ■ E S P E C I A L
```

40

```
D E C R E A S E ■ I T E M
E ■ H ■ M ■ H ■ U ■ I ■ I
C L A S P ■ R E N E G E S
O ■ N ■ H ■ I ■ A ■ H ■ C
M O C H A ■ M ■ C ■ T E E
P ■ E ■ ■ T O P I C ■ L ■
O ■ S ■ I ■ U ■ M ■ L ■ ■
S ■ ■ C A R E S ■ E ■ A ■
I M P ■ A ■ E ■ T A L O N
T ■ U ■ L ■ C ■ O ■ A ■ E
I M P U L S E ■ M A N G O
O ■ A ■ Y ■ D ■ E ■ I ■ U
N E E D ■ W E D D I N G S
```

41

```
W I E L D I N G ■ S W A N
A ■ V ■ I ■ R ■ R ■ E ■ ■
T H I E F ■ P R E V I E W
T ■ D ■ F ■ P ■ L ■ T ■ L
■ D E L I B E R A T E L Y
C ■ N ■ C ■ D ■ T ■ ■ ■ W
O U T P U T ■ T I C K L E
N ■ ■ ■ L ■ A ■ O ■ E ■ D
C R E A T I V E N E S S ■
E ■ N ■ I ■ A ■ S ■ T ■ M
R E S P E C T ■ H O R S E
N ■ U ■ S ■ A ■ I ■ E ■ A
S E E D ■ G R A P P L E D
```

42

```
K A N G A R O O ■ E M U S
E ■ E ■ B ■ F ■ ■ E ■ ■ P
E L E G Y ■ F R O N T A L
N ■ D ■ S ■ E ■ ■ T ■ ■ A
■ ■ L ■ M ■ N O D U L E S
E M E R A L D ■ E ■ E ■ H
M ■ ■ ■ L ■ ■ ■ V ■ E ■ ■
I ■ F ■ L ■ A B A S H E D
S T R A Y E D ■ S ■ O ■ ■
S ■ U ■ ■ ■ O ■ T ■ B ■ C
A N G R I E R ■ A N N U L
R ■ A ■ ■ ■ N ■ T ■ O ■ O
Y A L E ■ A S S E M B L Y
```

43

```
S T R A I G H T . S C A B
L . A . N . O . M . A . U
E M I T S . O R A N G E S
I . S . U . T . T . E . I
G R I E F . E . H . S U N
H . N . F O R T E . . . E
T . S . I . M . F . . . S
O . . C O B R A . I . . S
F A R . I . A . T H R E W
H . I . E . K . I . E . O
A D V A N C E . C H A S M
N . A . T . R . A . R . A
D U L L . C Y C L A M E N
```

44

```
. E A R T H E N W A R E .
D . S . A . X . R . O . I
I . S . M O T T O . V I M
S T E E P . A . N . E . M
I . R . E . N . G O R G E
L I T E R A T E . . . D .
L . S . S . . . I . E I .
U . . . M O N G O L I A .
S I D E S . C . N . L . T
I . U . O . U . E L I D E
O U R . F O L I O . P . L
N . U . I . A . U . S . Y
. E M B A R R A S S E D .
```

45

```
F O R E B O D E . O P U S
E . A . U . E . S . I . T
L A W N S . B R U S Q U E
I . H . I . R . B . U . A
C H I A N T I . T R E A D
I . D . E . S . E . F . .
T H E I S M . E R R A T A
A . S . P . R . M . S . .
T R O L L . A D A M A N T
I . X . I . I . N . L . N
O I L S K I N . E A G L E
N . I . E . T . A . A . S
S A P S . T S U N A M I S
```

46

```
. H A N G G L I D I N G .
A . V . O . E . E . O . E
A P E . S T A I N . V E X
P E R I L . V . I . E . C
P . A . I . E . M E L E E
O R G A N I S M . . . . E
A . E . G . . P . S . D .
C . . M I S S O U R I . I
H I R E D . M . Y . B . N
I . O . A . P . C L U N G
N O D . T O U C H . N . L
G . E . U . G . I . I . Y
. C O M M U N I C A T E .
```

47

```
C O L U M B U S . A S I A
H . E . U . P . A . P . S
A V A I L . P E B B L E S
R . T . I . S . I . E . E
A T H E I S T . O U T E R
C . E . L . Y . L . T . T
T H R O A T . N U C L E I
E . . T . M . T . E . V .
R O U S E . O V E R S E E
L . N . R . U . Z . S . N
E N C H A N T . E L O P E
S . L . L . H . R . N . S
S E E K . S Y N O P S I S
```

48

```
S A S H . D Y N A M I C S
E . U . F . E . U . M . U
M U S C L E S . T Y P E D
I . H . U . . . H . E . S
T R I G O N O M E T R Y .
O . . R . R . N . N . I A
N A G . E D I C T . L A P
E . O . S . O . I . . . O
. S U B C O N S C I O U S
S . R . E . . . I . I . T
L U M E N . P A T E L L A
U . E . C . U . Y . E . T
R E T R E A T S . E D G E
```

```
A L L O C A T E   S N A P
B   I   O   I   M   O   R
B O N G O   G R A N D P A
R   G   R   E   N   E   C
E C U A D O R   U P S E T
V   A   I   S   F       I
I N L A N D   M A N I A C
A       A   G   C   N   A
T A U N T   O P T I C A L
I   T   I   A   U   I   J
O U T P O S T   R E T R O
N     N   E   E   E   E K
S O R T   B E G R U D G E
```

```
  C O N S I G N M E N T
B   B   O   A   I   U   B
E V E   A C R E S   A   E
L   S   K   L   S E N D S
L I E N S   I   I   C   T
I       S C O O T E R S
G   B   V       N   S   E
E Y E L I N E R       L
R   A   N   N   Y O D E L
E G R E T   T   I   E   I
N   I   N O R S E   C O N
T   S   E   A   L   K   G
  C H I R O P O D I S T
```

```
U R N S   N I G H T C A P
N   A   U   I   A   O
C A S I N O S   G U L F S
O   A   F   U   H   D   H
M A L N O U R I S H E D
M     R   E   P   R   B
O P P U G N   C I C A D A
N   R   I   E   R   B
  C O N V I N C I N G L Y
A   C   A   R   T   R   H
C R U M B   O R E G A N O
N   R   L   O   D   P   O
E L E M E N T S   C H A D
```

```
  D E P A R T M E N T S
A   X   B   N   R   V
S I P   E I D E R   A   O
T   E   T   I   A W F U L
O G L E S   E   G   F   U
N       A D H E S I O N
I   R   G   D   C   T   A
S E A S O N A L       A
H   D   N   B   P O W E R
I L I A D   S   R   E   I
N   C   O P E R A   A L L
G   A   L   I   W   N   Y
  C L E A N L I N E S S
```

```
D E F Y   F A R C I C A L
I   E   I   O   O   O   O
N O M I N A L   M A M B A
O   U   V   O   B   M   N
S C R E E N W R I T E R
A     R   S   N   N   C
U P S E T S   M A N T R A
R   T   E   M   T       N
  F E E B L E M I N D E D
E   T   R   D   O   I   I
V I S T A   I G N I T E D
E   O   T   U   S   C   L
S U N B E A M S   W H E Y
```

```
U N B U C K L E   O G R E
N   A   R   E   B   R   N
A O R T A   V U L T U R E
P   O   S   E   A   F   R
P A N T H E R   B E F O G
R   E   L   S   B   E
E X T R A S   H E L M E T
C       N   R   R   O   I
I D L E D   A L M A N A C
A   U   I   I   O   S   A
T E N A N T S   U N T I L
E   G   G   I   T   E   L
D E E M   I N A H U R R Y
```

55

```
S L O T H F U L . A W E S
P . R . A . R . . A . . T
A W A I T . A N G U L A R
R . T . C . N . L . A . A
. O . H . U P F R O N T . E
H U R T L E S . U . P . E
O . . I . . U . R . . . G
M . A N . A M N E S T Y .
E N S I G N S . I . A . .
S . T . . . S . T . S . G
P O R T I C O . U S H E R
U . A . . . R . E . I . .
N I L E . S T R E S S E D
```

56

```
L E T S . S P I N S T E R
A . H . C . O . E . R . O
C U R R A N T . W H I R L
K . U . R . A . T . B . L
A R M . E . T . E L U D E
D . A . L O O T S . T . R
A . N . E . T . E . E . C
I . E . S C U B A . . . O
S I T E S . N . M . B A A
I . W . N . U . E . I . S
C L O S E . S I N G L E T
A . R . S . E . T . G . E
L A K E S I D E . J E E R
```

57

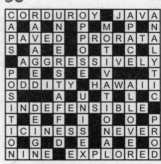

```
. D E T E R M I N I S M .
H . A . N . E . U . O . O
E A R . A R M E D . L . M
A . N . C . O . G R O A N
V I S I T . R . I . I . N
Y . . . H Y P N O S I S .
W . O . T . G . T . . . C
E X P O S U R E . . . . I
I . H . U . E . G A F F E
G L E A N . B . N . I . N
H . L . A R O M A . S A C E
T . I . M . R . R . T . E
. N A T I O N A L I S M .
```

58

```
C O R D U R O Y . J A V A
A . A . N . P . M . P . N
P A V E D . P R O R A T A
S . A . E . O . T . C . L
. A G G R E S S I V E L Y
P . E . S . E . V . T . .
O D D I T Y . H A W A I I
S . . . A . U . T . L . C
I N D E F E N S I B L E .
T . E . F . I . O . O . P
I C I N E S S . N E V E R
O . G . D . E . A . E . O
N I N E . E X P L O R E D
```

59

```
M I S T A K E S . I C E D
A . E . M . B . T . R . I
L L A M A . B A R R E L S
A . S . L . I . A . S . A
D O I N G . N . N . T A P
M . D E . A E G I S . . P
I . E . M . . . F . R . E
N . . A D O R E . . E . A
I R K . T . D . R O T O R
S . E . I . E . A . R . A
T E N U O U S . B R A W N
E . Y . N . S . L . C . C
R E A P . P A T E N T E E
```

60

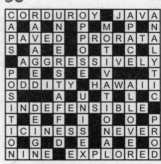

```
. A . D . C . G A S P E D
A L T I T U D E . O . U .
. B . S . S . N . S I T .
V E E R . T R I C K S . I
. D . U . O . E . U . E .
T O R P E D O . C A M P S
. . . T . Y . P . R . . .
G R A S S . C R O O K E D
A . M . U . O . M . . . A
F . A D O P T S . A N T E
F E Z . P . A . T . I . .
E . O . . E D I T I O N S
S E N I O R . C . C . G .
```

61

```
T A C T   L I B R E T T I
H   E   S   N   H   I   N
R E L I E F S   O U G H T
E   L   L   I   D   H   E
A L O O F   S H O R T E R
T   I   T   D   E   E
E X P A N D   T E N N I S
N   I   T   A   N   T
I N G R E S S   D U B A I
N   T   R   C   R   R   N
G L A Z E   E V O K I N G
L   I       S   N   D   L
Y U L E T I D E   R E L Y
```

62

```
G I F T   G L I M P S E S
R   E   H   E   I   I   A
A D D R E S S   S A G G Y
P   U   N   I   A   H   S
H Y P O C H O N D R I A
I     E   N   V   N   M
C O D I F Y   R E G G A E
S   I   O   B   N     S
  O V E R C A U T I O U S
W   I   W   F   U   V   A
H Y D R A   F U R L O N G
Y   E   R   L   E     E
S H R E D D E R   A D D S
```

63

```
T Y P E C A S T   S A G A
U   A   O   H   D   V   B
B O R O N   R A I D E R S
A   V   T   U   S   R   T
  R E F R I G E R A T O R
S   N   I   S   E     U
C H U B B Y   S P E C K S
R     U   T   U   H   E
A L L I T E R A T I O N
M   I   I   U   A   R   A
B A B O O N S   B R I N G
L   E   N   T   L   Z   E
E E L S   A S T E R O I D
```

64

```
  D   D   H   A C E T I C
N E A R N E S S     U   O
  T   O   I   I   R A W
B E E P   R O D E N T   B
  S   P   E   E   L   O
A T H I R S T   E V E R Y
    N   S   T     I
F U D G E   C R O O N E R
A   O     B   E   L   L
R   A B L O O M   E X I T
C O B     G   B   N   X
E   L   G A L A C T I C
S L E E P Y   E   E R
```

65

```
E A C H   F I L I G R E E
M   A   M   L   R   I   T
B A R R A C K   R A D O N
A   O   G     E   D   A
R E L E N T L E S S L Y
K   I   A   I   E   S
E N D   F U M E S   S A P
D   E   I   P   T   A
  N A R C I S S I S T I C
B   D   E     B   R   E
U N P I N   C A L C I U M
S   A   C   U   E   A   A
H I N D E R E D   E D E N
```

66

```
  H   C   P   H A T R E D
M A C A R O N I   E   E
  B   R   R   T   C A P
V I S A   C U C K O O   O
  T   P   H   H   I   S
E S C A P E D   B U L G E
    C   S   T   N
S O L E S   C H A L E T S
T   O   H   E   A   W
U   A P P E A R   W H I M
F I N     I   E   F   N
F   E   S U B S U M E S
S T R E E T   Y   L   D
```

67

R	E	A	D	A	B	L	E		F	L	O	G
O		L		N		E	T		Y		A	
S	A	L	O	N		E	A	R	D	R	U	M
E		O		I		I		I			B	
	M	Y	T	H	O	L	O	G	I	C	A	L
W		E		I		O		G			E	
H	A	D		L	O	O	S	E		B	A	R
I			A		K		R		U		S	
S	T	R	A	T	O	S	P	H	E	R	E	
T		A		I			A		R		A	
L	A	C	T	O	S	E		P	R	I	O	R
E		E		N		M		P		T		M
D	A	D	S		B	U	S	Y	B	O	D	Y

68

I	O	T	A		O	P	E	R	A	T	E	D
N		H		P		A		E		O		I
F	O	R	E	A	R	M		P	A	C	K	S
I		O		T		P		O		C		I
N	O	W		H		E		S	N	A	R	L
I		T		O	G	R	E	S		T		L
E		C		L			E		A		U	
E	H		O	A	T	H	S		S		S	
S	H	R	U	G		U		S		P	H	I
I		O		I		M		O			O	
M	A	N	I	C		U	T	O	P	I	A	N
A		I		A		L		N		S		E
L	O	C	A	L	I	T	Y		L	E	N	D

69

R	U	N	S		S	W	E	E	P	E	R	S
E		I		R		A		F		A		P
V	A	G	U	E	L	Y		F	O	R	G	O
O		H		C		L		O		N		N
L	A	T	T	E		A	I	R	L	I	F	T
U			P		Y		T		N		A	
T	R	E	A	T	S		S	L	O	G	A	N
I		L		I		A		E		E		
O	N	E	R	O	U	S		S	E	T	T	O
N		G		N		S		S		R		U
A	L	I	B	I		I	L	L	N	E	S	S
R		A		S		G		Y		N		L
Y	A	C	H	T	I	N	G		E	D	G	Y

70

	D	O	C	U	M	E	N	T	A	R	Y	
S		B		N		N		A		I		M
O		E		C	A	S	E	S		V	I	E
V	O	L	G	A		I		T		E		A
E			I		N		G		Y	E	T	I	S
R	E	S	O	N	A	N	T			U		
E		K		Y			A		A		R	
I			C	A	N	T	I	C	L	E		
G	I	V	E	S		B		T		E		M
N		A		H		A		A	G	R	E	E
T	O	P		A	T	T	I	C		B		N
Y		I		L		E		H		I		T
	A	D	O	L	E	S	C	E	N	C	E	

71

P	A	G	E		T	O	N	E	D	E	A	F
R		O		A	R		X		V		L	
E	A	R	A	C	H	E		H	A	I	T	I
P		S		K		G		A		L		R
O	C	E	A	N		O	P	U	L	E	N	T
S			O		N		S		Y		A	
S	H	R	E	W	D		A	T	T	E	S	T
E		E		L		M		I			I	
S	U	P	R	E	M	E		V	I	D	E	O
S		L		D		R		E		I		U
I	C	I	N	G		I	S	L	A	N	D	S
N		C		E		N		Y		E		L
G	R	A	N	D	S	O	N		A	R	T	Y

72

T	H	A	W		A	S	S	I	G	N	E	D
E		E		B		U		N		I		O
M	E	S	S	A	G	E		D	E	B	U	G
E		O		C			I		B			S
R	E	P	E	T	I	T	I	V	E	L	Y	
I			E		O		I		E		A	
T	I	C		R	O	U	N	D		D	O	N
Y		O		I		G		U			I	
	P	A	R	O	C	H	I	A	L	I	S	M
C		R		L			L		N			A
L	A	S	S	O		T	A	L	L	E	S	T
E		E		G		E		Y		R		O
F	U	N	N	Y	M	A	N		S	T	A	R

73

```
S O C K █ C L I M B E R S
E █ A █ C █ O █ E █ Y █ T
L U N C H E D █ T H E S E
F █ A █ A █ G █ A █ S █ R
C O L █ M █ E █ P R O N E
O █ █ P E R C H █ R █ O █
N █ S █ I █ Y █ E █ T █
T █ E █ O V A L S █ █ Y █
A V I A N █ P █ I █ A M P
I █ S █ S █ O █ C █ B █ I
N Y M P H █ G R A P H I C
E █ I █ I █ E █ L █ O █ A
D E C I P H E R █ O R A L
```

74

```
D E C K █ W A V E R I N G
E █ A █ R █ N █ N █ N █ U
V A R I E T Y █ T E S T S
O █ E █ A █ H █ R █ P █ T
U N D I S C O V E R E D █
R █ S █ W █ P █ C █ C █ █
E C H O E S █ G R O T T O
D █ O █ S █ D █ E █ C █ C
█ Q U E S T I O N M A R K
S █ S █ M █ S █ E █ N █ C
A B I D E █ C O U R I E R
I █ N █ N █ O █ R █ O █ O
L I G H T E S T █ A N E W
```

75

```
S I L L I E S T █ L O K I
I █ E █ N █ E █ C █ D █ M
D R A W S █ S T A R D O M
E █ V █ U █ A █ L █ L █ O
█ S E L F E M P L O Y E D
C █ N █ F █ E █ I █ E █ █
L I S T E N █ I G L O O S
E █ █ R █ I █ R █ R █ T █
A C Q U A I N T A N C E █
N █ U █ B █ S █ P █ H █ C
S T A R L E T █ H E A T H
E █ I █ E █ E █ R █ I █ █
R O L L █ S P O R A D I C
```

76

```
A R C H E S █ P █ S █ E █
M █ R █ █ P L A N T I N G
O W E █ E █ S █ I █ A █ █
E B █ K █ L █ I █ E █ T █
A B Y S S █ L O U T I S H
█ █ O █ C █ N █ T █ █ █ █
R E A C T O R █ S O U R S
█ X █ I █ M █ M █ N █ O █
P I C A █ B R A C E D █ R
█ L █ B █ I █ N █ █ O R B
B E D L I N E N █ N █ E █
█ D █ E █ G █ A R G E N T
```

77

```
█ U █ D █ A █ G L O B E S
I N S I G N I A █ R █ Y █
█ M █ A █ O █ P █ O L D █
B A L M █ D E E P E N █ N
█ S █ E █ Y █ D █ C █ E █
S K A T I N G █ E B O N Y
█ E █ █ E █ S █ O █ █ █ █
S T O R E █ S C O U R E R
E █ W █ Q █ R █ Q █ D █ █
N █ N E B U L A █ U N I T
S H E █ █ I █ T █ E █ T █
E █ R █ L O C A T I O N █
D E S E R T █ H █ S █ R █
```

78

```
█ A C H I E V E M E N T █
C █ R █ N █ A █ A █ I █ A
A G E █ S U C K S █ G █ S
T █ D █ E █ U █ K N E L T
A D O P T █ U █ I █ R █ I
S █ █ █ A M E N D I N G █
T █ A █ D █ G █ A █ M █ █
R E D H E A D S █ █ █ A █
O █ M █ S █ E █ Y E A S T
P R I N T █ T █ A █ C █ I
H █ R █ R E A C H █ H I S
E █ A █ O █ I █ O █ E █ M
█ P L A Y O N W O R D S █
```

79

```
T U S S L I N G ▓ G A F F
E ▓ I ▓ O ▓ E ▓ Q ▓ P ▓ O
M E L O N ▓ V O U C H E R
P ▓ I ▓ G ▓ A ▓ I ▓ I ▓ G
E X C U S E D ▓ N U D G E
R ▓ O ▓ T ▓ A ▓ T ▓ T ▓
A N N U A L ▓ R E B U F F
M ▓ N ▓ A ▓ S ▓ R ▓ U ▓
E A S E D ▓ M U S I C A L
N ▓ T ▓ I ▓ P ▓ E ▓ H ▓ N
T R O U N C E ▓ N A I V E
A ▓ P ▓ G ▓ R ▓ C ▓ N ▓ S
L O S E ▓ R E V E R S E S
```

80

```
S E D I M E N T ▓ O B O E
U ▓ E ▓ A ▓ E ▓ P ▓ E ▓ V
R O B I N ▓ W R E S T L E
E ▓ A ▓ I ▓ E ▓ R ▓ R ▓
▓ P U R P O S E F U L L Y
D ▓ C ▓ U ▓ T ▓ O ▓ O ▓
I N H A L E ▓ U R C H I N
S ▓ A ▓ S ▓ M ▓ E ▓ E ▓
Q U E S T I O N A B L E ▓
U ▓ M ▓ I ▓ L ▓ N ▓ P ▓ B
I M P R O V E ▓ C H I M E
E ▓ T ▓ N ▓ L ▓ E ▓ N ▓ L
T O Y S ▓ E Y E S I G H T
```

81

```
S I L K ▓ A C R I D I T Y
P ▓ O ▓ F ▓ A ▓ M ▓ C ▓ E
E N G R O S S ▓ M O I S T
C ▓ I ▓ R ▓ U ▓ E ▓ C ▓ I
I N C O M P A R A B L Y ▓
F ▓ A ▓ L ▓ S ▓ E ▓ R ▓
I D E A L S ▓ P U R S U E
C ▓ X ▓ D ▓ A ▓ R ▓ D ▓
▓ S P R E A D E A G L E D
P ▓ L ▓ H ▓ A ▓ B ▓ A ▓ E
E P O X Y ▓ G E L A T I N
S ▓ I ▓ D ▓ I ▓ E ▓ C ▓ E
O N T H E J O B ▓ S H E D
```

82

```
G L A U C O M A ▓ S M O G
O ▓ N ▓ O ▓ Y ▓ A ▓ A ▓ L
B E G I N ▓ S I R O C C O
I ▓ L ▓ S ▓ T ▓ I ▓ H ▓ S
▓ D E S C R I P T I O N S
A ▓ R ▓ R ▓ C ▓ H ▓ A ▓
R U S S I A ▓ A M B L E R
A ▓ P ▓ P ▓ E ▓ O ▓ Y ▓
C A P I T U L A T I O N ▓
H ▓ U ▓ I ▓ A ▓ I ▓ P ▓ S
N A T I O N S ▓ C H I N K
I ▓ O ▓ N ▓ M ▓ A ▓ N ▓ I
D U N E ▓ F A N L I G H T
```

83

```
▓ A M B A S S A D O R S ▓
R ▓ O ▓ V ▓ T ▓ E ▓ E ▓ C
A W N ▓ E L A N D ▓ C ▓ R
F ▓ T ▓ R ▓ T ▓ U N I T Y
A C H E S ▓ E ▓ C ▓ T ▓ P
E ▓ ▓ A D H E R E N T ▓
L ▓ J ▓ T ▓ D ▓ S ▓ I ▓
N E U T R A L S ▓ C ▓ ▓
A ▓ N ▓ U ▓ E ▓ F L O R A
D E I S M ▓ N ▓ R ▓ P ▓ L
A ▓ P ▓ P A T I O ▓ A I L
L ▓ E ▓ E ▓ I ▓ W ▓ L ▓ Y
▓ B R I T T L E N E S S ▓
```

84

```
O A R S ▓ C H A P T E R S
C ▓ A ▓ C ▓ I ▓ R ▓ X ▓ A
C A T C H U P ▓ E X T O L
U ▓ I ▓ E ▓ ▓ P ▓ R ▓ T
P R O F E S S I O N A L ▓
A ▓ R ▓ H ▓ N ▓ C ▓ D ▓
N U B ▓ F A R A D ▓ T I E
T ▓ O ▓ U ▓ U ▓ E ▓ G ▓
▓ C O L L A B O R A T O R
J ▓ S ▓ N ▓ A ▓ R ▓ A ▓
U N T I E ▓ L A N G U I D
T ▓ E ▓ S ▓ I ▓ T ▓ S ▓ E
S I D E S T E P ▓ S T U D
```

85

```
K I C K   E C O N O M I C
N   L   D   L   E   A   O
O R I F I C E   V O T E R
W   N   S   R   E   I   R
L O G   H   G   R I N S E
E     E G Y P T   E   E S
D   A   A   H   E   S   P
G S   R O U T E     T   O
E V E N T   N   L   P I N
A   P   E   E   E   H   D
B A T O N   V I S C O S E
L   I   E   E   S   T   N
E N C O D I N G   C O A T
```

86

```
  C L E A R H E A D E D
A   E   R   E W   T   E
B   G   M E D I A   U R N
B L U R B   G   S   D   L
R   M   A   E   H Y E N A
E V E N N E S S   C   C
V   S   D       C   C   G
I     S A B O T A G E   M
A R G O N   G   N   R   M
T   R   O   H   T R I T E
E Y E   I M A G O   B   N
D   E   S   S   U   O   T
  A D V E N T U R O U S
```

87

```
S I E R R A   C   I   A
U   D   B U L L D O Z E
B A G   B   O   E   A
U   I M P E L S   A X L E
R   L   Y   U   L   E
B U Y E R   O R B I T A L
    N   I   E   S
B A T T E N S   S T A G S
  L   R   H   B   U   E
F L E A   U N R E S T   E
  O   N   M   I   H A M
S U I T C A S E   O   L
  T   S   N   F A I R L Y
```

88

```
H A S P   R E C H A R G E
I   C   C   D   I   E   X
G U R G L E D   P O P U P
H   A   E   I   P   A   A
A L P H A   E R O S I O N
N   R   S   P   R   S
D E S I S T   B O N S A I
M   A   I   F   T   V
I L L E G A L   A G A T E
G   V   H   A   M   M   E
H E A R T   G R U M B L E
T   G   E   O   S   E   S
Y I E L D I N G   I R I S
```

89

```
C A M E R A   B   C   G
O   I   F L A S H I N G
G A D   F   N   E   O
N   A   D O T I N G   R A M S
A   A   X   K   U   E
C R Y P T   B O M B A S T
  E   F   K   I
H E A R E R S   S C O U R
  D   M   E   S   U   I
R I P E   E X T O R T   P
  B   A   D   R   L I P
P L E T H O R A   E   L
  E   E   M   P E S T L E
```

90

```
  U N D E S I R A B L E
C   O   X M   R   Y   I
H U T   A D M I T   R   N
R   E   M   U   D R I V E
O A S I S   N   E   C   S
N     P E N C H A N T   I
O   U   P   O   L   I
M I N D L E S S   M
E   E   A   L   S Y R I A
T R A C T   O   M   I   B
E   R   E D U C E   O I L
R   T   A   C   L   T   E
  T H O U G H T L E S S
```

91

```
  L C C C L I Q U E
E U P H O R I A   U X
  C E A N   A S P
P E A R   D A N C E S   E
  N   R L Y   A C
S T R I V E S   B E R E T
      E D F N
P L U S H   L A T T I C E
R   P   W   I   R H
I   R I C H E R   A X E D
Z O O   I   W   I   S
E   A   L E A F L E T S
D E R I V E   Y   S S
```

92

```
A N N A   G E R A N I U M
L   E C A M   G A
P R I S O N S   B A N A L
H   G N I I   O I
A S H   V N   D O R I C
A A   A N G L E   E I
N   C L   X   D O
D H   E I G H T   U
O V E N S   E R   B U S
M   R C N   O L N
E X U D E   E D U C A T E
G   B N R S   R S
A L S A T I A N   B E D S
```

93

```
P O P S   E D U C A T O R
E L S   I O   H A
R E A L I S M   U N I F Y
S Z T   N E S
U N A T T R A C T I V E
A   I   U E D
D U B   N A D I R   S K I
E R G   I P   C
  C A R D I O L O G I S T
S M U   I N A
C U B I C   T O N I G H T
U L K O T O O
D R E S S E R S   S T I R
```

94

```
  R F R   B U R S A R
P O P U L A T E   A I
  T T M A   L A G
G U R U   B A N A N A   H
N R R L S   M T
A D V I S E D   A D I O S
    S S G E
C R I M E   E L I X I R S
R R G A T E
A   O P I N E S   R O V E
F E N   I A S
T I   T R E A S U R E
Y U C C A S   E T
```

95

```
F A T E   U N L O A D E D
O I R U T E A
O D D M E N T   H E F T Y
T E P   E I S
R E S E R V E P R I C E
E O N W I C
S I C   D I T T O   T W O
T O U E R N
  E L E C T R O L Y S I S
W L T D I I
O R I B I   O B L I G E S
E E O W Y N T
S P R I N K L E   U S E S
```

96

```
C U B A   A I L M E N T S
O I D N A E E
M A N K I N D   S T A L L
P G S I S R F
A D O   C A   P I E C E
N   O W N E R   S V
I C N O T I
O L   N A M E D   D
N O O S E   A U   D U E
S B C K C R N
H A B I T   I N E X A C T
I E E N D W L
P A R A D I G M   C L A Y
```

97

```
S A G A C I T Y ■ M E E K
I ■ E ■ H ■ R ■ D ■ L ■ E
C A N T O ■ I T E R A T E
K ■ E ■ R ■ A ■ L ■ T ■ P
■ F R I E N D L I N E S S
V ■ A ■ O ■ S ■ G ■ ■ ■ A
E U L O G Y ■ S H R I N K
N ■ ■ ■ R ■ M ■ T ■ K ■ E
D I S S A T I S F I E D ■
E ■ W ■ P ■ K ■ U ■ B ■ M
T R A C H E A ■ L E A K Y
T ■ Y ■ Y ■ D ■ L ■ N ■ T
A L S O ■ P O L Y M A T H
```

98

```
T A S M A N I A ■ S H O O
H ■ T ■ N ■ S ■ H ■ I ■ V
E V I C T ■ S H I N G L E
O ■ F ■ A ■ U ■ E ■ H ■ R
R E F U G E E ■ R I S E S
E ■ E ■ O ■ S ■ O ■ ■ ■ T
T E N A N T ■ I G U A N A
I ■ ■ ■ I ■ H ■ L ■ R ■ T
C O M E S ■ A N Y M O R E
A ■ A ■ T ■ N ■ P ■ U ■ M
L O G G I N G ■ H A S T E N
L ■ M ■ C ■ A ■ I ■ A ■ ■
Y E A R ■ B R A C E L E T
```

99

```
P U L P ■ F L O U R I S H
A ■ U ■ S ■ E ■ N ■ N ■ Y
R O C K E T S ■ C R E E P
A ■ I ■ L ■ S ■ H ■ P ■ E
P O D ■ F ■ E ■ A S T E R
H ■ ■ L U N A R ■ L ■ C ■
E ■ D ■ E ■ ■ I ■ Y ■ R
R I ■ S C A N T ■ Y ■ I
N I C K S ■ K ■ A ■ C A T
A ■ T ■ N ■ I ■ B ■ A ■ I
L E A V E ■ M E L O D I C
I ■ T ■ S ■ B ■ E ■ R ■ A
A V E R S I O N ■ W E A L
```

100

```
■ C O R P O R A T I O N ■
R ■ N ■ O ■ E ■ R ■ R ■ U
E E ■ T O D A Y ■ B U N
C O N E S ■ U S ■ I ■ C
I ■ E ■ H ■ C ■ T I T H E
P U S H O V E R ■ ■ R ■ T
R ■ S ■ T ■ ■ C O ■ A
O ■ C O L U M B I A ■ I
C A B A L ■ V ■ R ■ V I N
A ■ I ■ A E ■ A L I E N T
T A R ■ S C R U B ■ A T Y
E ■ C ■ E ■ D ■ L ■ T
■ T H E R M O M E T E R ■
```

101

```
M A N I F E S T ■ S K E W
O ■ O ■ A ■ O ■ N ■ ■ ■ E
C H U R N ■ D E S P O I L
K ■ G ■ T ■ D ■ T ■ ■ ■ L
■ A ■ A ■ E X I S T E D
A R T I S A N ■ M ■ Y ■ O N
C ■ ■ T ■ B ■ ■ ■ N
I A I ■ U K R A I N E
D E V I C E S ■ O ■ N
R ■ E ■ ■ U ■ G ■ C ■ D
A N N U L A R ■ L O U S E
I ■ U ■ P ■ I ■ R ■ L
N O E L ■ E S P O U S A L
```

102

```
L A S T ■ B E C A L M E D
O ■ T ■ C ■ S ■ U ■ O ■ A
P R O D U C T ■ T A R O T
S ■ I ■ R ■ H ■ H ■ O ■ A
I N C O M P E T E N C E
D ■ U ■ R ■ N ■ C ■ H
E N C O D E ■ S T R O B E
D ■ H ■ G ■ A ■ I ■ ■ ■ A
■ D O M E S T I C A T E D
I ■ W ■ O ■ T ■ A ■ E ■ L
L A D E N ■ A N T E N N A
L ■ E ■ L ■ I ■ E ■ O ■ N
S P R A Y I N G ■ T R O D
```

103

```
S W A M ■ T R I P L I N G
P ■ D ■ D ■ E ■ E ■ M ■ O
I N I T I A L ■ R O M E O
T ■ E ■ S ■ O ■ S ■ O ■ D
T H U M P ■ A S P I R I N
I ■ L ■ ■ D ■ I ■ A ■ A ■
N E U R A L ■ O C E L O T
G ■ N ■ C ■ D ■ A ■ ■ U
I M A G E R Y ■ C O W E R
M ■ W ■ M ■ N ■ I ■ O ■ E
A M A Z E ■ A L T E R E D
G ■ R ■ N ■ M ■ Y ■ S ■ L
E L E C T R O N ■ L E V Y
```

104

```
B A C K P A C K ■ E P E E
L ■ O ■ R ■ L ■ A ■ S ■ X
A D A G E ■ U P S T A R T
C ■ S ■ F ■ M ■ T ■ L ■ R
K I T T E N S ■ R U M B A
A ■ E ■ R ■ Y ■ O ■ ■ V
N U R S E S ■ A N G O R A
D ■ N ■ ■ A ■ O ■ V ■ G
W O R S T ■ T E M P E R A
H ■ A ■ I ■ T ■ I ■ R ■ N
I M I T A T E ■ C H A N T
T ■ S ■ L ■ N ■ A ■ C ■ L
E K E S ■ I D O L A T R Y
```

105

```
R O B O T S ■ E ■ R ■ B
E ■ U ■ ■ M A S T E R E D
S A D ■ I ■ S ■ T ■ ■ F
I ■ G E N T L E ■ A T O M
S ■ E ■ E ■ N ■ I ■ R
T E D D Y ■ S C A L D E D
■ ■ O ■ G ■ E ■ E
F L O W E R S ■ B R E A D
■ A ■ N ■ O ■ S ■ A ■ E
A R M S ■ W I N T E R ■ F
■ V ■ I ■ N ■ I ■ N E E
H A N D C U F F ■ E ■ N
■ E ■ E ■ P ■ F U N D E D
```

106

```
S E T S ■ D E C O R A T E
P ■ O ■ H ■ U ■ B ■ M ■ X
O U T W E A R ■ S T O M A
R ■ E ■ A ■ O ■ C ■ R ■ G
T I M I D ■ P A U S I N G
S ■ ■ Q ■ A ■ R ■ S ■ E
M A G N U M ■ N A T T E R
A ■ A ■ A ■ A ■ N ■ ■ A
N U M E R A L ■ T A C I T
S ■ B ■ T ■ U ■ I ■ R ■ E
H A L V E ■ M U S T A R D
I ■ E ■ R ■ N ■ M ■ W ■ L
P E D E S T A L ■ P L A Y
```

107

```
C Y N I C I S M ■ R O A M
O ■ E ■ O ■ P ■ P ■ V ■ E
N O W I N ■ L E O T A R D
T ■ N ■ S ■ A ■ S ■ T ■ I
R E E N T R Y ■ T W E E T
A ■ S ■ R ■ S ■ G ■ ■ E
D I S C U S ■ T R A D E R
I ■ ■ C ■ C ■ A ■ E ■ R
C U B I T ■ A D D E N D A
T ■ L ■ I ■ N ■ U ■ T ■ N
O R A T O R Y ■ A R I S E
R ■ N ■ N ■ O ■ T ■ S ■ A
Y O K E ■ U N B E A T E N
```

108

```
U N D O ■ P A N D E M I C
N ■ A ■ C ■ G ■ I ■ I ■ O
R H I Z O M E ■ V I X E N
E ■ S ■ M ■ I ■ E ■ E ■ F
C O Y ■ M ■ N ■ R I D G E
O ■ ■ E D G E S ■ U ■ C
V ■ S ■ N ■ ■ I ■ P ■ T
E ■ T ■ C A N D O ■ ■ I
R H Y M E ■ E ■ N ■ G O O
A ■ L ■ M ■ G ■ A ■ U ■ N
B R I N E ■ A I R L I N E
L ■ S ■ N ■ T ■ Y ■ S ■ R
E N T I T L E D ■ V E R Y
```

109

```
I N A C T I V E   A C I D
R   B   O   A   I   A   I
R O A S T   N A M I B I A
E   N   A   I   P   I   M
S A D D L E S   O U N C E
P   O   I   H   V   T
O R N A T E   M E T E O R
N   A   H   R   N   I
S A T Y R   I D I O T I C
I   E   I   N   S   I   A
B O M B A R D   H O T E L
L   P   N   E   E   L   L
E V I L   D R U D G E R Y
```

110

```
  S O W   B U M P E R
S E A P L A N E   A   A
  D E L   I   E F T
R U I N   K E N N E L   T
  C   I   E   G   L   L
T E R N A R Y   E V A D E
      G   S   C   I
C H E S S   F L A T T E N
A   V   E   O   A   A
J   E X I S T S   L A R D
O W N   T   E   I   N
L   T   E N T I T I E S
E A S I E R   S   Y   R
```

111

```
E S S A Y S   R   C   N
L   W   P R O D U C E D
D O E   O   C   R   A
E   R E W O R K   D A R N
R   V   F   I   L   E
S E E D S   U N W I N D S
    E   L   G   N
G R E M L I N   A G I L E
  E   O   G K   M   A
S P O T   H A N G U P   R
E   I   T   O   O A T   H
C A N O N L A W   S   H
  L   N   Y   N I C E L Y
```

112

```
U R D U   E V E N T U A L
N   E   P   I   I N   I
D I V E R T S   G O I N G
E   I   E   I   H   F   H
R I L E D   O U T M O S T
S   E   N   C   R   F
T H R I C E   A L U M N I
A   U   E   A   O   N
N E M E S I S   T W A N G
D   M   S   T   H L   E
I D A H O   E L E C T O R
N   G   R   R   S E   E
G U E S S I N G   A R I D
```

113

```
D A F T   F I D D L E R S
E   L   D O   E   M   I
C A U T I O N   C A P E R
L   F   S   O   A   E
A F F E C T I O N A T E
R   O   D   G   H   A
E L K   U N I T E   Y A P
S   N   R O   S   P
  C O N T E M P T I B L E
S   W   E   A   R   A
C A I R O   C O N G E A L
A   N   U   U   T A   E
R E G I S T R Y   A M I D
```

114

```
L A M I N A   E   M   C
O   A   B E S T O W A L
W O N   O   C   N   V
E   F I B U L A   R E E L
S   U   T   P   O   I
T I L L S   H E A V I N G
    U   L   E   I
K I T C H E N   C A P E S
  D   I   N   S   I   H
F L E D   G O T H I C   O
I   I   T   U     K I D
S N A T C H E D   E   D
G   Y   Y   S U N D A Y
```

115

```
. M . P . W . A D A G E S
R I V U L E T S . O . . I
. L . R . B . S . . S A G
K I E V . B L A N K S . H
E . E . I . Y . . I . . E
B U O Y A N T . L I P I D
. . O . G . F . N . . . .
S T O R M . P O R T R A Y
T . N . H . R . E . F . .
I . I N V O K E . R I F F
C O O . . B . R . I . O .
K . N . B O U D O I R S .
S A S H A Y . N . R . D .
```

116

```
. I N D E P E N D E N T .
A . E . A . U . R . E . D
A S I R . S U R G E . A E
S . V . E . E . D E T E R
O P E N S . K . G . E . E
C . . . . M A T E R N A L
I . O . P . . . D . S . I
A Q U A R I U M . . . . C
T . T . O . P . G A M U T
I N L A W . R . E . O . .
O . O . E V E R T . W O O
N . S . A . . . U . E . N
. S K Y S C R A P E R S .
```

117

```
S A L E . C A L C U L U S
E . I . W . S . O . E . H
L U N C H E S . M A C R O
F . E . O . I . P . T . O
C A R . L . S . E X U L T
O . . E X I S T . R . . I
N . C . H . I . E . N . N
S . O . E R U P T . . . G
C O N G A . N . I . W A S
I . V . R . I . O . . . T
O V E R T . S A N G R I A
U . N . E . O . S . L . R
S P E N D I N G . O D E S
```

118

```
I N F E R N A L . I C E S
L . O . E . D . F . R . A
L I L A C . O P I N I O N
U . I . U . R . E . E . C
S C A M P . E . L . D O T
T . T . E R R E D . . . I
R . E . R . . . G . B . M
A . . A T O L L . R . R O
T I N . T . R . A G A I N
I . O . I . D . S . . . I
O U T C O M E . S A L V O
N . E . N . A . E . L . U
S O D A . P L A S T E R S
```

119

```
S O B S . O U T B R E A K
E . R . I . N . R . P . I
R E A D M I T . E D I T S
A . K . P . R . A . S . S
P R E R E Q U I S I T E .
H . . R . E . T . L . A .
I N C I T E . A S S E S S
M O I S T . T . . . . . C
E U N A N S W E R A B L E
E . C . E . O . R . N . .
P R E E N . A W K W A R D
I . R . C . R . E . V . E
C O N V E R S E . B E N D
```

120

```
P R O L I F I C . C L A W
A . R . N . O . E . E . R
D I G I T . D E F L A T E
S . A . R . I . F . S . S
. A N N O U N C E M E N T
P . I . D . E . R . . . L
R U C K U S . S V E L T E
E . C . T . E . E . E . R
M O U N T A I N S I D E .
I . M . O . S . C . G . H
E M B A R K S . E N E M Y
R . E . Y . U . N . . . M
E U R O . J E T T I S O N
```

121

```
D O G E A R E D . S M U T
I . I . L . X . . E . . A
N A V E L . U T E N S I L
E . I . O . L . . S . . I
. N . T . T I S S U E S .
R E G I M E S . U . P . M
U . E . . . . . P . . . A
S . F . N . C H E C K I N
T R A C T O R . R . I . .
L . L . I . A . S . W . .
I N T E R I M . B A S T E
N . . E . . E . L . E . I
G I R L . L A V E N D E R
```

122

```
. A . C . B . S A F E S T
I G N O R A N T . N . . A
. E . L . H . A . Z I P .
R O T E . R O S A R Y . E
. L . S . A . H . M . . R
I D Y L L I C . D R E G S
. . A . N . S . O . . . .
T H A W S . S T R A N G E
U . C . . G . E . D . . I
R . U S U R E R . S L A P
G Y M . A . N . I . N . .
I . E . V A L I D I T Y .
D O N K E Y . Y . E . S .
```

123

```
R E Q U I R E S . M E O W
A . U . D . D . . N . . R
S U I T E . G R I S T L E
H . N . N . I . . A . . C
. C . T . N I T P I C K .
F E E D I N G . R . L . A
O . . . C . . . E . . . G
R . F . A . B O N F I R E
S T E L L A R . C . N . B
A . E . . . A . H . F . .
K I B B U T Z . A C U T E
E . L . . . E . N . S . T
N O E S . A N A T H E M A
```

124

```
. R . B . L . C O B W E B
L I T E R A T I . E . . O
. D . C . N . V . A I R .
H E R O . D R I F T S . R
. R . M . I . L . . . . O
A S S I G N S . A G L O W
. . N . G . T . R . . . .
T O N G S . T R O U P E S
R . A . P . I . E . N . .
E . M A P L E S . S A V E
A Y E . I . E . O . I . .
D . L . E . N C U M B E R
S T Y L E D . T . E . D .
```

125

```
B E F U D D L E . A J A R
U . O . I . P . U . E . E
M I N D S . T R A M M E L
P . D . P . R . B . I . .
. K A L E I D O S C O P E
C . N . N . R . I . V . .
H O T . S P A S M . R Y E
I . . A . P . O . I . S .
T O G E T H E R N E S S .
C . O . I . I . I . S . .
H O R M O N E . O X B O W
A . E . N . G . U . L . A
T U S K . N O I S I E S T
```

126

```
R A C E . E M P H A S I S
E . A . C . R . E . C . T
C Y C L O P S . A B A T E
R . H . N . V . N . M . .
E L E C T R I F Y I N G .
A . . I . T . H . E . . I
T O O . N I E C E . R O D
E . P . U . M . A . . . L
. D E M O N S T R A B L E
B . N . U . . . T . O . N
R E A D S . P R E S U M E
E . I . L . U . D . N . S
W O R R Y I N G . O D D S
```

127

```
A T T A C K E R   A C E S
L   R   O   V   C   L   H
T I E I N   A V O C A D O
E   A   Q   D   U   I   R
R E C L U S E   R E M I T
N   L   I   D   T     T
A V E R S E   E M E R G E
T     T   A   A   I   M
I N D I A   P A R S N I P
V   E   D   P   T   G   E
E M B R O I L   I D L E R
L   A   R   E   A   E   E
Y A R N   I S O L A T E D
```

128

```
M A S K E D   A   P   B
O   E     U P G R A D E D
S E W   K   I   R   L
A   A B S E N T   A L U M
I   G   S   A   L   G
C R E S S   I T A L I A N
      T   H   E   E
N O T I C E S   C L O A K
  N   M   P   G   U   E
B E A U   A B R U P T   E
  O   L   T   A   L O P
E F F U S I O N   A   E
  F   S   C   D R A W E R
```

129

```
O R B S   P H Y S I C A L
D   O   A   U   U   O   O
O P T I M U M   B O U T S
M   C   E     S   L   T
E C H O L O C A T I O N
T   I   U   A   M   C
E R A   O F T E N   B O A
R   L   R   U   T   R
  D I S A P P O I N T E D
A   G   T   A   R   I
F U N G I   H I T T I N G
A   E   O   A   E   A
R U D E N E S S   P L A N
```

130

```
  P E R F O R M A N C E
O   R   I   I   M   H   S
V I A   N A C R E   E   H
E   S   D   H   N O V A E
R E E D S   L   I   R   P
A     E Y E T O O T H   N
C   W   M     Y   N
H E A D A C H E
I   R   N   A   S A L A D
E B B E D   I   A   O   I
V   L   A U R A L   C A N
E   E   T   D   S   A   G
  I R R E V O C A B L E
```

131

```
C U R A T I V E   G L A D
U   A   E   I     Y   R
B E V E L   O B V E R S E
E   I   E   L     I   A
N   P   I N D U C E D
F R E S H E N   I   S   F
R     O     S   U
E   S   N   C H E R V I L
N E W Y E A R   M   I
E   A   U   B   S   H
T I M P A N I   A B A S E
I   P   S   R   G   R
C U S P   F E C K L E S S
```

132

```
  T R A D I T I O N A L
P   A   I   I   U   B   F
R A N   V A L E T   Y   R
E   G   E   L   G U S T O
L A Y E R   E   R   S   N
I       A R R O G A N T
M   S   A   W   L   R
I M P O R T E D     U
N   O   I   A   R I P E N
A B U Z Z   R   I   R   N
R   S   O F F A L   I C E
Y   E   N   U   L   D   R
  E S T A B L I S H E D
```

133

```
D A B S   A G R A R I A N
E L I L   D     N   E
F L U E N C Y   V E S T S
O   F F   P   E   U   T
R E F R E S H I N G L Y
E   S   C   S   T   T   A
S P L I T S   D I E S E L
T   A   I   S   T   T   L
  I N D O C T R I N A T E
A   T   U   R   O   R   R
R E E L S   E L U D I N G
E   E   R   L   W   S   E
A N N O Y I N G   C L A N
```

134

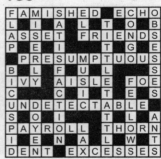

```
D I R E C T O R   A C M E
I   E O   S   C R   M
S E D A N   P R O V E R B
C   O   D   R   N   P   E
R E U S E   E   C   E L L
E   B   M A Y B E     L I
D   T   N     N   C   I S
I     A B B O T   R   S
T I P   T   U   R O U G H
A   U   I   N A   S   M
B U L L O C K   T R A C E
L   S   N   E E D   N
E V E R   G R A D I E N T
```

135

```
S T I F L I N G   S W A B
O   M   A O   E   R
W I P E S   B U F F A L O
N   A   T O   L   N
    C D   D E M O T I C
P E T R I F Y   A H   H
L   T   N     N     U
U   A C   O M I N O U S
G U N S H I P   F   C
G   Y     U   E C L
I V O R I E S   S A U C E
N   N   E   T   L   A
G O E S   A S S O R T E D
```

136

```
F A M I S H E D   E C H O
L   I A   L   T O   B
A S S E T   F R I E N D S
P   E   I   T   G   E
  P R E S U M P T U O U S
B   L   F U L     L   S
I V Y   A I S L E   F O E
C   C   I   T E   S
U N D E T E C T A B L E
S   O   I   T   L   A
P A Y R O L L   T H O R N
I   E   N A L   W   T
D E N T   E X C E S S E S
```

137

```
A I D S   P R O B L E M S
D   E   T H   E V   U
V E L V E T Y   W H O O P
E   F   M M   I L   P
R U T   P E   L E V E L
T   E N D E D   E   E
I   D R   E   D   M
S   R   A L D E R   E
E L E C T   I M   B A N
M   D   U A   E O   T
E A G E R   T U N I S I A
N   E   E O   T O   R
T I R E S O M E   O N L Y
```

138

```
C O M E D I A N   E T C H
A   E   I L   A R   O
L A M B S   I N D R A W N
M   E   A B   D W   E
  U N O F F I C I A L L Y
C   T   F S   T   B
A D O R E D   S I M I L E
P   C   R O   N   E
S H O R T C H A N G E D
I   T   I I   A R   T
C U T D O W N   L A T E R
U   E   N A   L I   E
M U R K   P L A Y B A C K
```

139

```
. C O N F O U N D I N G .
D . C . R . N . E . O . S
O . T . E X C E L . T A U
W O O F S . L . T . C . B
N . B . H . O . A S H E S
T H E O L O G Y . . T . .
O . R . Y . . . D . J . I
E . . . T O L E R A N T .
A L L A Y . B . A . W . U
R . A . . . D E B I T . I
T O T . U N I T S . O . E
H . E . N . G . E . N . D
. E X A G G E R A T E D .
```

140

```
. P E R A M B U L A T E .
S . V . T . R . A . A . D
M O O . O B E Y S . K . I
A . K . M . A . H E E D S
L E E K S . T . I . O . P
L . . . T H A N K F U L E
M . U . . . I . G . F . A
I N G E S T E D . . . . A
N . L . O . L . O R C A S
D R I L L . D . C . A . I
E . E . A G E N T . R U N
D . S . T . S . E . G . G
. A T T E S T A T I O N .
```

141

```
A G U E . I M M I N E N T
D . S . O . U . N . X . R
M O U S S E S . C O P S E
I . R . T . E . O . O . A
N I P . E . U . N E S T S
I . . N A M E S . E . U .
S . R . T . O . S . R . .
T . E . A N G E L . . . .
R O B O T . A . A . W E T
A . U . I . U . B . I . R
T O K Y O . C A L Y P S O
O . E . U . H . E . E . V
R E S I S T O R . F R E E
```

142

```
A L G A . M O N A R C H Y
C . R . S . U . S . U . A
C R O C H E T . T I T A N
I . W . O . . . O . T . K
D I S C O N T E N T E D .
E . . . T . H . I . R . C
N I T . I D E A S . S E A
T . R . N . T . H . . . U
. D I A G R A M M A T I C
I . P . S . . . E . E . U
D E P O T . N O N P L U S
L . E . A . U . T . L . E
E N D U R I N G . A S P S
```

143

```
. D E M A R C A T I O N .
P . N . B . L . O . W . A
E . G . S C O R N . N A B
R O U G E . S . I . E . S
S . L . N . E . C A D E T
O F F I C E R S . . . . R
N . S . E . . . S . S A .
I . . . . R E P U B L I C
F I L E D . N . B . Y . T
I . I . I . . . J U N T A
E L M . V O G U E . E . R
S . B . O . M . C . S . T
. P O R T R A I T I S T .
```

144

```
A L T O . P I C K I N G S
M . O . H . R . I . O . H
I S O T O P E . L I N G O
C . T . M . . . L . S . W
A C H I E V E M E N T S .
B . . . L . M . R . O . A
L U G . E L B O W . P A P
E . N . S . E . H . . . P
. C O N S E R V A T I V E
F . S . N . . . L . T . N
L I T H E . P I E R C E D
A . I . S . A . S . H . I
B A C K S I D E . L Y N X
```

145

```
A M B U S H E S ■ P U M P
U ■ E ■ U ■ N ■ F ■ S ■ A
R U L E R ■ D I R T I E R
A ■ O ■ P ■ I ■ A ■ N ■ O
■ O V E R I N D U L G E D
C ■ E ■ I ■ G ■ D ■ ■ ■ I
O D D E S T ■ S U B D U E
L ■ I ■ G ■ L ■ I ■ S ■ ■
A D V A N T A G E O U S ■
N ■ I ■ G ■ Z ■ N ■ R ■ W
D I V U L G E ■ T E N C H
E ■ I ■ Y ■ B ■ L ■ A ■ E
R O D S ■ P O L Y G L O T
```

146

```
U P S T R E A M ■ T R I O
L ■ T ■ A ■ S ■ ■ E ■ U ■
N O R M S ■ P A R A P E T
A ■ I ■ P ■ I ■ ■ E ■ R ■
■ C ■ B ■ R E L E A S E ■
E X T R E M E ■ J ■ T ■ A
M ■ ■ R ■ ■ R ■ U ■ ■ ■ C
P ■ A R ■ S A B B A T H ■
H A L C Y O N ■ L ■ F ■ ■
A ■ L ■ ■ A ■ J ■ R ■ C
T H E M A S K ■ A L I K E
I ■ L ■ ■ E ■ N ■ C ■ D
C H E R ■ E S C A L A T E
```

147

```
■ M A D ■ T I N S E L
F I E F D O M S ■ ■ T ■ A
■ M ■ F ■ G ■ A ■ ■ A N D
K I W I ■ F I R I N G ■ D
N ■ N ■ I ■ S ■ ■ E ■ E
A G A I N S T ■ C I D E R
■ T ■ H ■ C ■ N ■ ■ ■
B E R Y L ■ R A N C H E S
A ■ E ■ S ■ P ■ U ■ D ■
R ■ E L I C I T ■ B R I M
Y A K ■ O ■ I ■ A ■ C ■
O ■ E ■ L E V I T A T E
N O D D E D ■ E ■ E ■ S
```

148

```
■ Q U I C K W I T T E D
S ■ N ■ O ■ A ■ H ■ F ■ C
U S A ■ P O L A R ■ F ■ H
B ■ R ■ E ■ K ■ O Z O N E
T A M E D ■ E ■ U ■ R ■ E
R ■ ■ ■ F R I G A T E S ■
A ■ B ■ R ■ ■ H ■ S ■ E
C L I M A T I C ■ ■ ■ C
T ■ C ■ L ■ N ■ T R A I L
I D Y L L ■ T ■ O ■ D ■ O
O ■ C ■ I N E P T ■ A C T
N ■ L ■ E ■ R ■ A ■ P ■ H
■ P E R S O N A L I T Y
```

149

```
C O W S ■ S I M U L A T E
A ■ I ■ D ■ N ■ N ■ R ■ A
P A R T I A L ■ D E B T S
A ■ E ■ S ■ A ■ E ■ I ■ E
C A R B O H Y D R A T E ■
I ■ ■ B ■ S ■ A ■ E ■ D
T E N D E R ■ S C A R C E
Y ■ O ■ D ■ A ■ H ■ ■ C
■ E X T I N G U I S H E R
R ■ I ■ E ■ R ■ E ■ E ■
A D O R N ■ E N V E L O P
I ■ U ■ C ■ E ■ E ■ L ■ I
D I S P E N S E ■ L O F T
```

150

```
C O M E ■ S P A R K L E R
O ■ O ■ E ■ U ■ E ■ I ■ E
M I T O S I S ■ A L B U M
P ■ T ■ T ■ H ■ P ■ E ■ O
R E F E R ■ E M P E R O R
E ■ ■ A ■ D ■ E ■ I ■ S
H A V I N G ■ P A L A T E
E ■ A ■ G ■ S ■ R ■ L
N E G L E C T ■ A B O V E
S ■ R ■ M ■ E ■ N ■ R ■ S
I M A G E ■ R E C E D E S
O ■ N ■ N ■ E ■ E ■ E ■ L
N O T A T I O N ■ T R A Y
```

151

```
    C   T     F O I B L E
J A L A P E N O     O     N
    L   K     R O       L E D
L I K E     B O T T L E
    C   H     A     S     R     R
F O R E I G N     A B O D E
            E     B     A
B A N D Y     R A T T L E D
A     U     S     N     H
R     M E R M E N     R I T E
R I B     E     E     O     I
O     E         A E R O B I C S
W A R M E R     S     E     E
```

152

```
H O U R     W A N D E R E D
E     L     C     C     I     E     O
R E T R A C E     C A G E D
E     R     R           T     A     O
U N A T T A I N A B L E
P     O     N     T     I     S
O R C     G E C K O     A W L
N     O     R     U     R     I
    E M B A R R A S S I N G
S     P     P     H     D     H
A B A S H     B A I L O U T
R     S     E     O     P     L
I N S C R I B E     E S P Y
```

153

```
J U G G L E R S     C H U B
U     U     I     E           E     A
S L I N G     S E V E R A L
T     L     A     I     E     L
        T     M     N O I S I L Y
G E Y S E R S     N     N     H
R     R     N     E           N     O
I     R     T     T O B A C C O
T H I R S T Y     R     A
T     F     C     I     N     L
I N F E R N O     A N O D E
N     L     O     T     N     G
G L E N     I N V E R S E S
```

154

```
E A S Y     C O M P U T E R
X     T     F     U     R     R     E
P R E P L A N     O D I U M
E     R     Y     C     P     V     O
R O N D O     E G O T I S T
I     N     S     R     A     E
M O I E T Y     I T A L I C
E     R     H     P     I     O
N A I V E L Y     O R G A N
T     D     W     T     N     U     T
I B I Z A     H E A V I E R
N     U     L     O     L     L     O
G A M B L I N G     V E I L
```

155

```
    C O L D B L O O D E D
O     S     A     E     U     L     B
S E C     R E S E T     D     E
T     A     T     S     S K E I N
E A R L S     E     I     R     E
N         D R I Z Z L E D
T     A     C     E     Y     I
A P P R O V E D           C
T     P     P     S     T W I S T
I T A L Y     T     I     R     I
O     R     C H E S T     A G O
N     E     A     E     L     T     N
    I L L T E M P E R E D
```

156

```
U N C O R K     E     E     Z
N     H     N O V E M B E R
F E E     O     A     B     A
U     W I E L D S     O I L S
R     E     L     I     L     O
L A D L E     A V I D I T Y
        I     D     E     E
S T A G G E R     A N K L E
    A     H     P     M     U     M
O U S T     L O O S E N     I
    G     E     O     G         G I G
T H A N K Y O U         F     R
    T     S     S     L E G U M E
```

157

```
T O W S   S P U R I O U S
R E   H   O   E   R   P
I C E C O L D   M O D E L
A   P   P   I   O   I   E
L A Y   E U   R U N I N
A     L I M E S   E   L
N   B     E   E   A   I
D   R   S C A R F     F
E X I T S   L   U   W O E
R   D   N   S   L   A   R
R O G U E   A L L E G R O
O   E   S   C   Y   E   U
R E S I S T E D   B R A S
```

158

```
A C H E   M U S H R O O M
U   A   T   N   Y   B   E
T E N U R E S   P I L O T
H   O   A   E   O   O   A
O N I O N   A N T O N Y M
R     S   T   H   G   O
I N S E C T   S E N S O R
T   A   E   A   T   P
A T T E N D S   I R I S H
T   I   D   T   C   D   O
I S S U E   H E A T E R S
V   F   N   M   L   A   I
E G Y P T I A N   A L P S
```

159

```
I N C H   C H A I N S A W
N   O   O   I   N   I   R
E N R O B E D   V O D K A
X   G   S   U   E   P
P R I D E O F P L A C E
E     R   E   N   A   E
R I A   V A L V E   R E V
T   X   A   O   R   A
  C O N T I N U A T I O N
A   L   I   B   N   E
D U O M O   R E L E N T S
A   T   N   U   E   C
M O L A S S E S   T R E E
```

160

```
A G I T A T O R   A R T S
I   N   P   B   C   U   H
L E T U P   S C O R P I O
S   E   R   E   N   E   R
  I N C O N S I S T E N T
A   S   A   S   I   E
F R E S C O   A D D L E S
L     H   S   E   I   T
U N F L A T T E R I N G
T   A   B   A   A   T   R
T I T U L A R   B R E V E
E   E   E   V   L   L   A
R I D E   R E V E R S A L
```

161

```
I N T O   A R M C H A I R
M   R   C   I   O   L   A
P R O L O N G   U R B A N
U   T   U   N   A   D
D I S I N F E C T A N T
E   T   A   R   I   R
N O T   E N T R Y   A P E
T   H   R   E   W   V
  D I S C O N S O L A T E
F   M   L   M   M   R
L I B R A   G R A N U L E
A   L   I   I   N   N
G L E A M I N G   T E S T
```

162

```
B A C T E R I A   S H A M
E   O   S   S   E   E
E L V E S   L I T E R A L
S   E   A   A   A   T
  R   Y   N E S T L E D
R E S C I N D   P   D   O
U   S   O   W
T   C   T   C E R T A I N
H E A R S A Y   T   G
L   S   C   S   O   D
E T H A N O L   M O U S E
S   E   E   A   T   W
S E W S   I D E N T I T Y
```

163

```
I R O N . P R E C E P T S
N . U . B . E . I . R . H
C A S T O F F . R I O J A
O . T . I . O . C . V . M
N O S E S . R E U N I T E
V . . T . M . M . S . L .
E M B L E M . A S H O R E
N . U . R . A . C . . S .
I N D O O R S . R O A R S
E . G . U . S . I . M . N
N E E D S . E M B R A C E
C . T . L . T . E . S . S
E S S A Y I S T . A S K S
```

164

```
S O C I A L . J . T . R .
I . O . . O V E R H A U L
G E M . . C . E . R . B .
A . M A R K E R . E B B S
N . O . . S . I . N . L .
L U N G S . A N N O Y E D
. . U . U . G . D . . . .
E V E N I N G . S Y L P H
. I . M . U . S . U . E .
I S L E . S E Q U E L . Y
. U . T . U . U . L A D A
C A L A M A R I . E . A .
. L . L . B O L D L Y . .
```

165

```
R E A R . U N L O C K E D
E . R . M . I . P . N . E
D I S T U R B . P L E A S
U . O . L . R . E . K . .
C O N S T I T U E N C Y .
I . I . E . S . A . C . .
N E T . L E A D S . P E A
G . E . I . R . I . T . .
. P E N N S Y L V A N I A
C . M . G . . E . U . L .
H A I K U . A L L E R G Y
A . N . A . R . Y . S . .
R E G U L A T E . D E B T
```

166

```
. P E C U L I A R I T Y .
E . A . P . M . E . O . H
B A N J O . A . T . W H O
R . E . L . L . S C R E E
O B S I D I A N . . . . O
I . T . S . . T . R . S .
D . . T H E O R I S T . .
E R E C T . O . R . V . A
R . M . O . R . O M I T S
E B B . X E N O N . E . I
R . E . I . E . T . R . S
. E D U C A T I O N A L .
```

167

```
C A P I T A L S . A B U T
U . E . R . A . S . L . A
B U R M A . B O U D O I R
S . F . N . P . A . R . R
. S U B S E Q U E N T L Y
B . M . P . U . R . . . .
R O E . A P I A N . F U N
I . R . L . A . L . G . .
C A N C E L L A T I O N .
K . O . N . U . R . I . .
B L O T C H Y . R E I G N
A . K . Y . E . A . S . K
T A S K . I N F L A T E S
```

168

```
C I S T E R N S . S K I P
O . U . X . E . P . E . R
U M B R A . U N H I N G E
N . D . S . T . I . D . T
T R U M P . E . L . O D E
E . E . . E A R T H . N .
R . D . R . . A . F . T .
A . . A U G U R . A . I .
T O W . T . E . M I C R O
T . H . I . N . O . T . U
A N E M O N E . N A I L S
C . R . N . V . I . O . L
K N E W . F A L C O N R Y
```

169

```
  A M E L I O R A T E S
A   O   I R D   P     R
M     F A D E D   O N E
M O T E T   E   L   C   A
O   I   I R   E T H I C
S O F T N E S S       T
P   Y   G       T O I
H       H I T H E R T O
E L D E R   M   U I   N
R   E   E P   M A N T A
I L L   C R I M P   O R
C   V   U S E C Y
  T E T R A H E D R O N
```

170

```
O L D E S T   E   O   P
N   I     Y E A R B O O K
W E B     P R   E   P
A     B O R E R S   D A L E
R     L   S H I   A
D E E M S   B O N E D R Y
    O     S T   N
V I B R A T O   S T A V E
  S   T A   S     I   R
G O N G   R A N G E R   O
  B   A   L   A     B I D
L A U G H I N G     A   E
  R   E T   S I E G E S
```

171

```
  A F F I R M A T I V E
B O   T   E   I I   S
U R   A D L I B   N E W
R E G A L   T   I Y   I
E   E   I E   A L L O T
A N T E C E D E       Z
U   S   S     G A   E
          O P E R A T O R
R E A M S   A A   H L
A   L   U R   M A L T A
C O G   G L E A M   E N
Y   A   A N A T   D
  S E C R E T A R I E S
```

172

```
S P E C I A L S   L A V A
O   V   N   E   I R   L
F L O U T   G E N T E E L
T   L   E A   H   A   A
  A V A R I C I O U S L Y
L   E   C Y   S       I
I S S U E D   S P L E E N
N   P   S   I R   G
C O N S T I T U T I O N
H   E   I A   A D   R
P E A F O W L   B R I B E
I   R   N E   L N   D
N O S Y   A R P E G G I O
```

173

```
U G L Y   A C A D E M I C
N   I   D A   I   O   O
A I M L E S S   S T R U M
N   I   L   I A   T   B
T U T   I I   G U A V A
I     C H O I R   L   T
C   A   A     E S   I
I   N   T A B L E     V
P L A C E   O   A B Y E
A   G   S O   B E   N
T U R N S   B E L I E V E
E   A   E O E   C   S
D O M I N I O N   O H M S
```

174

```
B I K E   E T C H I N G S
O   E   L   W E E   U
U M B R A G E   A L T A R
N   A   B   L D   L   R
T A B O O   V A M P I R E
I     R   E I K   P
F I S C A L   A S P E C T
U   E   T H   T     I
L I M P O P O   R O O S T
N   I   R A E   P   I
E N N U I   R I S O T T O
S   A   E S S   I   U
S P L A S H E S   A C T S
```

175

```
B A C K D A T E . A P E S
O . A . I . A . I . E . W
W A D E S . L I N E A G E
S . E . T . E . D . C . E
. I N T R A N S I G E N T
U . Z . I . T . S . . . E
N E A R B Y . S T A S I S
I . U . T . I . A . T . .
F R U I T F U L N E S S .
O . N . I . N . C . H . H
R E D W O O D . T R I P E
M . E . N . R . L . M . R
S U R F . L A D Y L I K E
```

176

```
U N H A R M E D . S C U T
N . E . E . N . F . H . A
D A R E S . M A R R I E S
I . S . T . E . E . N . T
S E E S A W S . U S A G E
C . L . U . H . D . L . .
I N F O R M . G I R D L E
P . A . G . A . R . S . .
L E A S T . A N N U A L S
I . M . E . T . S . S . N
N E P T U N E . L A T H E
E . L . R . A . I . I . S
D U E T . S U S P E C T S
```

177

```
. S . C . S . E A G L E S
E N O R M O U S . O . U .
. A . A . C . S . O D D .
C R O W . I M A G E S . D
. L . L . E . Y . E . E .
A S S I S T S . R I S E N
. . . N . Y . R . N . . .
C H U G S . F I T T E S T
A . S . S . V . A . A . .
N . A C A C I A . G U L P
D O G . O . L . L . I . .
I . E . P O R T I O N S .
D I S U S E . Y . O . E .
```

178

```
L I M I T I N G . B A S H
I . E . A . I . N . O . .
M O T O R . C A P S T A N
B . R . P . E . H . E . .
. I . A . S A D N E S S .
A C C O U N T . I . R . T
L . L . L . I . S . L . .
F . I . I . D I G N I T Y
R O M A N C E . U . N . .
E . B . M . S . V . M . .
S H I A T S U . T R I B E
C . B . R . E . T . S . .
O B E Y . H E E D L E S S
```

179

```
D O S E . S O L D I E R S
I . M . C . R . I . N . O
L E A F A G E . S A C K S
E . R . T . I . R . O . .
M O T H E R T O N G U E .
M . . R . O . T . S . D .
A R C . P U R E E . T O E
S . H . I . S . G . . W
. B I B L I O G R A P H Y
T . M . L . A . I . E . .
A R E N A . O U T S T A Y
L . R . R . F . E . C . .
C L A S S I F Y . T H U D
```

180

```
B A S E B A L L . O S L O
A . T . E . I . C . L . B
K N E L L . G U I T A R S
E . N . L . H . R . N . E
. S C R I P T W R I T E R
C . I . G . S . O . . V
H O L L E R . E S C A P E
I . R . A . T . C . R . .
C O M M E N S U R A T E .
K . E . N . S . A . U . .
P A N A C E A . T E A C H
E . S . Y . I . U . T . U
A G A R . C L U S T E R S
```

181

```
U N T I M E L Y ■ B L O C
N ■ H ■ I ■ A ■ P ■ A ■ O
R E E K S ■ T O R S I O N
E ■ O ■ R ■ E ■ E ■ T ■ T
L U R K E R S ■ M A Y O R
I ■ E ■ P ■ T ■ E ■ I ■ ■
A D M I R E ■ A D V E R B
B ■ ■ E ■ C ■ I ■ X ■ U ■
I D L E S ■ H O T S P O T
L ■ E ■ E ■ E ■ A ■ E ■ I
I M M E N S E ■ T A N G O
T ■ U ■ T ■ S ■ E ■ S ■ N
Y A R D ■ N E E D L E S S
```

182

```
■ I N T O L E R A B L E ■
I ■ A ■ C ■ M ■ D ■ A ■ P
N ■ T ■ T E P I D ■ G E L
F A U N A ■ I ■ O ■ E ■ A
O ■ R ■ G ■ R ■ N E R V Y
R E A S O N E D ■ S ■ I ■
M ■ L ■ N ■ ■ ■ S ■ S ■ N
A ■ ■ ■ C R E A T I N G ■
T U F T S ■ E ■ N ■ M ■ C
I ■ A ■ A ■ T ■ C O P R A
V O W ■ V A U L T ■ L ■ R
E ■ N ■ E ■ R ■ U ■ E ■ D
A S T R O N O M E R S ■ ■
```

183

```
C I T I E S ■ A ■ L ■ A ■
O ■ U ■ ■ M I S D E E D S
W A R ■ A ■ T ■ A ■ J ■ ■
A ■ N U N C I O ■ P L U S
R E ■ K ■ U ■ Y ■ S ■ ■ ■
D O D G Y ■ I N V E R T S
■ ■ H ■ G ■ D ■ A ■ ■ ■ ■
R E C O V E R ■ A R R O W
■ Y ■ U ■ N ■ A ■ H ■ O ■
H E E L ■ E N M I T Y ■ R
■ L ■ I ■ R ■ E ■ M E T ■
R E A S S I G N ■ E ■ H ■
■ T ■ H ■ C ■ D R E S S Y
```

184

```
A I D E ■ C R E D I B L E
D ■ R ■ C ■ E ■ E ■ O ■ A
E N A B L E S ■ M O O D S
Q ■ M ■ O ■ U ■ O ■ K ■ T
U N A S S U M I N G L Y ■
A ■ ■ E ■ E ■ S ■ E ■ T ■
C H A S M S ■ S T A T O R
Y ■ T ■ O ■ S ■ R ■ A ■ ■
■ I L L U S T R A T I O N
G ■ A ■ T ■ E ■ T ■ S ■ S
L U N C H ■ P R O B L E M
I ■ T ■ E ■ P ■ R ■ E ■ I
B R A N D N E W ■ S T E T
```

185

```
C R O U P I E R ■ V E N D
O ■ R ■ O ■ R ■ ■ T ■ E ■
S T I L L ■ A N O T H E R
T ■ O ■ L ■ S ■ I ■ I ■ ■
■ L ■ U ■ E X P E C T S ■
S C E N T E D ■ R ■ S ■ I
U ■ ■ A ■ ■ E ■ I ■ ■ V ■
R ■ A ■ B E C A U S E ■ ■
V I S I T O R ■ U ■ N ■ ■
I ■ Y ■ O ■ R ■ I ■ I ■ ■
V O L C A N O ■ S A T E D
E ■ U ■ C ■ O ■ E ■ E ■ ■
D I M S ■ C H A R I S M A
```

186

```
C A B S ■ S T A C C A T O
O ■ L ■ D ■ H ■ O ■ T ■ N
T R I N I T Y ■ N U T T Y
T ■ M ■ S ■ ■ V ■ A ■ X ■
A L P H A N U M E R I C ■
G ■ G ■ R ■ N ■ N ■ ■ H ■
E T A ■ R I G H T ■ S A Y
S ■ B ■ E ■ E ■ I ■ ■ D ■
■ E A V E S D R O P P E R
S ■ T ■ M ■ ■ N ■ H ■ O ■
E L I T E ■ T E A R I N G
E ■ N ■ N ■ E ■ L ■ A ■ E
N E G A T I N G ■ E L A N
```

187

```
P A L E T T E S   S H I P
A   E   E   N     U   A
C L E A N   O D Y S S E Y
T   W   A   U     H   M
    A   C   G L O B U L E
S T Y L I S H   V   P   N
O       O       E     T
R   K   U   H O R R O R S
C A N A S T A   S   T
E   I       V   T   I   L
R E G A T T A   A W O K E
E   H       N     S   S
R A T S   B A S E L E S S
```

188

```
B U C K   F O N D N E S S
A   H   A   E   X     O
S T I R R E D   C A T E R
T   E   T   A   O   I   E
I N F R I N G E M E N T
L     S   E   M   C   P
L E N G T H   F I L T E R
E   U   I   S   S     E
  G R A C I O U S N E S S
M   T   A   N   I   D   A
U S U A L   A V O W I N G
L   R   L   T   N   F   E
E V E R Y D A Y   E Y E S
```

189

```
U N T I R I N G   S O F A
N   Y   E   Y   C   T   G
S O R T S   M A R C H E R
Y   A   U   P   O   E   E
M O N A R C H   S E R V E
P   T   R   S   S     A
A N S W E R   S C A R A B
T   C   S   O   E   L
H O I S T   T R U F F L E
E   M   I   A   N   U   N
T Y P H O O N   T A S T E
I   E   N   C   R   A   S
C U L T   R E C Y C L E S
```

190

```
S C H E D U L E   C A V E
E   Y   E   O   N   M   S
M O D E M   L O O K O U T
I   R   O   L   N   N   A
C L A N G   O   F   G A B
O   T   R E P E L   P   L
N   E   A   A   P   I   S
S     P   P R I S M   A   S
C A B   H   N   M A R S H
I   I   I   T   A   A   M
O S S I C L E   B I B L E
U   O   S   N   L   L   N
S U N S   S T E E P E S T
```

191

```
B U S T   S P L A T T E R
R   P   H   A   P   O   E
O B E Y I N G   P A N I C
K   A   N   O   R   G   E
E R R   D   D   E Q U I P
N   Q U A S H   E   T
H   E   U     E   S   I
E   N   A C O R N   V
A N G E R   R   S   A T E
R   O   T   I   I   M   N
T H R E E   G O O D B Y E
E   G   R   I   N   L   S
D R E S S I N G   V E T S
```

192

```
R U B Y   L A G G A R D S
I   A   F   R   O   E   I
G A S T R I C   O N S E T
I   I   O   T   D   T   E
D E N U N C I A T I O N
I     T   C   E   R   R
T O R P I D   I M P E D E
Y   I   S   P   P     A
  C O M P L E T E N E S S
S   T   I   O   R   Q   S
E R O D E   P R E L U D E
L   U   C   L   D   A   S
L I S T E N E D   E L K S
```

193

```
  A G R I C U L T U R E  
E   R   M   T   H   E   A
X   A   P R O S E   S O P
P A N E L   P   R   I   P
E   O   A   I   M I N E R
C A L E N D A R     O    
A   A   T     O   A   P  
T       F L Y P A P E R  
T U B E S   I   P   P   I
I   E   O   N   O M E G A
O A F   L I N K S   A   T
N   I   A   E   E   S   E
  S T A R S T U D D E D  
```

194

```
V I L E   E J E C T I O N
E   A   D   A   L   M   O
N U R S I N G   A S P E N
T   V   S   U   I   L   A
R E A C T   A I R P O R T
I   I   R   V   R   T    
L O S I N G   C O H E R E
O   T   C   A   Y       N
Q U I T T E R   A I D E D
U   M   N   M   N   R   A
I N U R E   A U C T I O N
S   L   S   D   E   E   C
M A I N S T A Y   E R N E
```

195

```
  F U N C T I O N A R Y  
L   K   U   R   I   E   S
A   U   S T I N G   L E T
U N L I T   S   E   I   O
G   E   O   E   R A C E R
H A L F M A S T       Y  
I   E   S     C   D   T  
N     C A R O T E N E   L
G A P E S   U   N   B   L
A   O   C   P   S M A L L
U K   A W A R E   T   E  
S   E   R   I   N   E   R
  P R E P A R A T O R Y  
```

196

```
A R C S   A C I D T E S T
N   H   I   O   I   N   O
C H A I N E D   C O R D S
E   I   C     T   A   S  
S U R R O U N D I N G S  
T     M   A   O   E   D  
R I P   P E C A N   S P A
Y   R   A   H   A   F    
  D O I T Y O U R S E L F
A   D   I   I   E   O    
P L U M B   C L E A R E D
S   C   L   H   S   I   I
E X E G E T I C   K E E L
```

197

```
  N   C   A   B E H E S T
B O N H O M I E   V   I  
  T   U   B   N   A I M  
Z I N C   I N D E E D   B
  F   K   E   S   E   E  
C Y C L O N E   W I S E R
    E   T   S   R        
B L A D E   S T O R A G E
U   S   A   A   I   O    
D   S A C H E T   T Y P E
G E E   E   U   A   H    
I   R   R   A T T E N D E E
E X T E N D   E   T   R  
```

198

```
  S U B S T A N T I A L  
A   S   C   B   R   S   P
G N U   O P I N E   C   I
G   R   W   D   M E R G E
R O Y A L   E   O   I   C
A       A D O R A B L E  
V   A   H       S   E   O
A M B R O S I A         F
T   S   L   N   M I M I C
I R O N S   F   A   O   A
N   L   T I E R S   O A K
G   V   E   R   O   S   E
  R E P R E S E N T E D  
```

199

```
  C O R   S T A R E D
F O U R T E E N   E   E
  M   A   M   A   N A P
F E A T   I N C O M E   O
  O   I N K   G   T
I N R O A D S   G L E N S
      N   S   P   I
S L A S H   W E L F A R E
E   G   D   N   E   E
L   E N S U E S   T A G S
D E N   M   I   I   E
O   T   P A V E M E N T
M I S S E S   E   E   T
```

200

```
C O N V E R G E   G L U E
O   I   T   R   O   X
D E C A Y   A R S E N I C
E   K   M   N   E   U
    E   O   T U S S L E S
A L L E L E S   U   Y   I
T       O   B   N
T   E G   O U S T I N G
E N J O Y E D   T   N
N   E   D   R   F   W
D E C I D E S   A W A K E
E   T   O   T   N
D U S T   I N V E N T E D
```